朱新月

毕业于首都师范大学历史系
南开大学商学院 EMBA

现任

《企业家》杂志·企业管理促进中心　主任
中国管理科学学会企业管理专委会　副秘书长

曾任

北京大学精细化管理研究中心　副理事长
日中管理学院　特聘研究员
北京博士德文化发展有限公司　总经理
北京博士德管理顾问有限公司　总经理

中国精细化管理首倡者之一。

曾就职于中关村大型科技企业四达集团医疗事业部，任销售部经理；航天部北京华航科技公司，任西北区经理、销售部经理、公司总经理；21 世纪初，与汪中求、张明帅创办了博士德知识传播机构，任总经理。

Author Introduction

基于企业的多年实践与对企业管理的认知，朱新月老师先后策划了超级畅销书《细节决定成败》《精细化管理》《笑着离开惠普》《团队精神》《生命第一》《可以平凡不能平庸》《零缺陷工作》等。

2005 年，创造性地提出了“精细化管理”的管理理念，使之被各级政府机关、部队、企业广泛认可。

2008 年，厉以宁先生主持的北京大学民营经济研究院成立“精细化管理研究中心”，被聘为中心副理事长。

朱新月老师带领“精细化管理海外研修团”40 余次，走进日本、德国、美国、韩国、新加坡、荷兰、奥地利、匈牙利、捷克等国家著名企业、大学、学会进行参访、培训、交流。深入学习了企业经营管理、企业组织文化建设的经验。

代表作

《追随者》

《零缺陷工作》（与汪中求合著）

《落实要到位干部是关键》

《你无法改变环境时改变自己》

Author Introduction

高志鹏

天津大学管理学院国际工程专业学士
上海财经大学金融学硕士

心理咨询师、注册会计师（CPA）、RODC 咨询师、《LEAD NOW》领导力认证讲师。

现任

《企业管理》杂志、《企业家》杂志“中企联播·名师讲堂” 专家讲师

曾任

上海宝钢集团国际经济贸易总公司 项目经理、培训主管
竞越创顾问有限公司沟通产品线、解决问题产品线 经理
凯洛格咨询集团 研发总监、专家讲师
上海棋盘资本 独立董事
玛雅房屋集团 山东区域总经理
中华讲师网 首席运营官

主做项目

管理技能培训、中高层领导力培训、行动学习、沙盘模拟课程等。

代表作

《与孤独者聊天》《跟抑郁者聊天》
《人生就像一本故事书》

自我定位

基于自身的持续学习和成长，以弘扬“中国式领导力”为自己毕生追寻的光荣与梦想。

内耗

INTERNAL FRICTION

卓越高效团队建设的极大障碍

朱新月 高志鹏 / 著

企业管理出版社
EMPH
ENTERPRISE MANAGEMENT PUBLISHING HOUSE

图书在版编目（CIP）数据

内耗：卓越高效团队建设的极大障碍 / 朱新月，高志鹏著 . -- 北京：企业管理出版社，2023.1

ISBN 978-7-5164-2732-3

Ⅰ . ①内… Ⅱ . ①朱… ②高… Ⅲ . ①企业管理—团队管理 Ⅳ . ① F272.9

中国版本图书馆 CIP 数据核字（2022）第 197601 号

书　　名： 内耗——卓越高效团队建设的极大障碍

书　　号： ISBN 978-7-5164-2732-3

作　　者： 朱新月　高志鹏

策　　划： 朱新月

责任编辑： 解智龙　刘　畅

出版发行： 企业管理出版社

经　　销： 新华书店

地　　址： 北京市海淀区紫竹院南路 17 号　**邮　　编：** 100048

网　　址： http://www.emph.cn　**电子信箱：** zbz159@vip.sina.com

电　　话： 编辑部（010）68487630　发行部（010）68701816

印　　刷： 北京博海升彩色印刷有限公司

版　　次： 2023 年 1 月第 1 版

印　　次： 2023 年 1 月第 1 次印刷

开　　本： 710mm × 1000mm　1/16

印　　张： 12 印张

字　　数： 132 千字

定　　价： 55.00 元

前言
PREFACE

内耗：团队难以承受之重

常言道："有人的地方就有江湖，有江湖的地方就有纷争。"周鸿祎说："一个团队只要超过 3 个人，这个团队就会产生内耗。"

周总说的话很实际，这让我们想起了《西游记》中西天取经的唐僧团队，唐僧、孙悟空、猪八戒、沙和尚师徒四人历经九九八十一难完成取经大业，每当师徒四人产生分歧、互不信任、内耗加大时，往往就是妖怪得逞、危险降临之时。而在背后强大"组织"的帮助下，师徒消除误会、弥合分歧、一致对外，很快就能降妖伏怪、渡过难关。

内耗说白了就是一种"窝里斗"，它如慢性病一般消耗团队的资源，影响团队的活力，降低团队的效率，甚至威胁团队的生存与发展，"成功的团队往往都是相同的，失败的团队各有各的不同"，我们认为：团队的第一杀手就是"内耗"。因此，认识内耗现象，分析内耗机理，对症下药，消除内耗，就显得尤为必要。本书就是沿着这一思路，试图给读者做一个"巡回演讲"。当然，在"演讲"正式开始之前，不妨先聊聊我们就内耗对于团队影响的一些基本看法。

一个优秀的团队通常由多种角色组合而成，大家各司其职，各尽其能，推动整个团队不断前进。一旦某个角色与团队“同床异梦”，个人欲望与团队精神背道而驰，开始游离于团队之外，整个团队就会产生离心力，长此以往，团队必然人心涣散，以致走向崩溃。这就是内耗的可怕之处。

那么，对于一个团队来说，哪种人最有可能成为内耗的始作俑者？我们认为，以下四类人尤其值得管理者注意。

一是拉帮结伙之人。这类人最擅长组织帮派，搞小集团活动，致使团队之中山头林立，派系斗争严重。各派之间互相拆台，小动作不断，甚至在权力的“蛊惑”下倚势欺人。如此之辈充斥团队，内耗岂能不严重！中国历史上，远有唐朝时的“牛李党争”，近有国民党的派系斗争，至于企业中派系之争更是比比皆是。

二是心胸狭窄之人。这类人心量小，爱记仇，嫉妒心强，极端自我与自私。当他们面对强者时，不是积极地提升自己，而是盘算着如何削弱对方，试图通过压制对手而“成全”自己，且报复心强，睚眦必报。团队之中一旦混入这种心胸狭窄之人，团队精神将不复存在。历史上的赵高聪敏好学、精明强干、文武双全，然而为了一己之私，先后害死蒙毅、蒙恬兄弟，后又借机杀掉李斯父子。

三是自以为是之人。《荀子·荣辱》曰：“凡斗者，必自以为是，而以人为非也。”意思是，大凡爱争斗的人，一定认为自己是正确的，而对方是错误的。这类人总是自我感觉良好，想当然地以为自己掌握了绝对真理，将自己扮成原则的捍卫者，动辄拉大旗作虎皮，狐假虎威地吓唬人、蒙骗人。这种人混入团队，团队距离失败怕是不远了。赵括纸上谈兵，葬送赵国四十万大军；马谡自以为是，大意失街亭。

四是道貌岸然之人。这类人最善伪装，即便怀揣不可告人的目的，说出口来也是娓娓动听；即使自私自利到无以复加，看上去仍然纯洁无瑕、无私高尚。这种人藏在团队中，无异于“定时炸弹”，不知何时就会将整个团队置于危险境地。李林甫出生于唐朝宗室，他精通音律，善于交际，但是生性“口有蜜，腹有剑”，担任宰相十九年间，他大权独握，蔽塞言路，排除异己，迫害贤才，重用胡将，大唐朝政清明之气日衰，为“安史之乱”埋下了祸根。

内耗的危害可见一斑。然而也有人认为，内耗不过是另一种形式的竞争或冲突，对此我们想说：“此言差矣！”

竞争坚持公平原则，个体致力于追求自身价值，其中包含择优汰劣机制，因此有利于团队的长远发展；冲突坚持公开原则，个体通过博弈追求正当利益，处理得当可以达到双赢，因此对团队的发展也具有积极影响。内耗则截然不同，它不讲规则，个体通过阻碍、干扰其他个体而达到自己的目的，因此对团队产生消极影响，甚至致命影响。

内耗，堪称团队难以承受之重。

内耗，是影响团队的重要因素。

内耗，是团队精神的极大障碍。

团队精神孕育于优秀的团队，它集中体现了团队的大局意识、协作精神和服务精神。团队精神的核心是协同合作，反映了个体利益和整体利益的统一，其目的在于保证团队的高效运转。团队精神是组织文化的重要组成部分，通过合适的组织形态，良好的管理能够将每个人安排到合适的岗位上，充分发挥集体的潜能。

至此，我们已经初步揭开了内耗的面纱。在下面的篇章里，我们将摆现象、讲原因、说危害、想办法、找方法，层层推进，步步为营，进一步解析内耗，力争消除内耗，还团队一个晴朗的天空，让团队轻松上阵。

目录 Contents

第一章 CHAPTER 1

揭开内耗的本来面目

第二章 CHAPTER 2 为什么组织会有内耗?

第三章 CHAPTER 3 降低内耗，从优化团队着手

第四章 CHAPTER 4 消除内耗，反求诸己必不可少

第五章 CHAPTER 5 战胜内耗，唯有建设卓越团队

1 第一章

揭开内耗的本来面目

内耗，本意为机器或其他装置本身所消耗的没有对外做功的能量，现常用来比喻内部消耗，特指因内部纠葛而导致的无谓消耗。企业发展到一定阶段，会有内耗；团队管理中，存有内耗；个人成长过程中，也会出现内耗；各个阶层，各个岗位，都会面临内耗的隐患；内耗甚至会“愈演愈烈”，发展到新的阶段……本章让我们揭开内耗的本来面目。

1

第一节
企业病了：企业内耗的10张面孔

企业如人，其在成长和发展过程中，难免受到来自企业内部或外部的“病毒”或“细菌”的入侵，其一旦超出企业“免疫系统”的防护能力，就会导致或大或小的“病”，这就是“企业病”。企业发展到一定时期，都会不可避免地沾染上“企业病”。“企业病”并不局限于大企业，小企业同样难逃“企业病”的折磨。各种“企业病”，最终会导致企业内耗严重。下面，来看看企业内耗最常见的10张面孔。

1. 官僚主义

官僚主义几乎存在于每个地区、每个行业、每个机构、每个组织，企业当然也不例外。大至数万员工的大型企业，小至数人的小微企业，官僚主义堪称危害企业的“隐形杀手”，笼罩于官僚主义之下的企业，机械死板、脱离实际、远离市场、争权夺利、遇事推诿、职责不清、人浮于事……最终导致员工失去激情，团队缺乏活力，企业停滞不前。面对官僚主义的弊端，企业唯有以壮士断腕的气魄，迅速厘清危害所在，采取有效措施清除官僚主义，才能赢得一线生机。

2. 教条主义

教条主义也叫本本主义，是主观主义的一种表现形式。其主要特点是脱离实际，轻视感性经验，从抽象的概念、定义出发，把书本上的个别词句当作僵死的教条，拒绝具体事物具体分析。有些企业连基本的战略、架构、流程都没弄明白，甚至连生存都还是问题时，便言必称德鲁克、稻盛和夫，行必效苹果、特斯拉；在具体工作中，不分市场环境、不管发展阶段，照搬照抄他人的所谓“成功经验”，结果可想而知。

3. 马屁文化

人们常用“拍马屁”一词讽刺不顾客观实际、专门谄媚讨好别人的行为，与此相关的掌故、奇闻逐渐形成一种文化，也就是马屁文化。在企业里，一些人打着塑造权威的旗号，对老板、高层或部门领导进行无底线的吹捧，久而久之，马屁文化渗透企业的各个角落。对于企业来说，马屁文化危害性大，轻则导致企业内部风气浮躁，员工不是比拼业务能力的高低而是比拼拍马屁的功力，重则造成企业经营逐渐丧失竞争力，甚至偏离轨道。为此，企业管理者应保持清醒的头脑，加强监督，深化改革，引导员工树立正确的价值理念。

4. 责权分离

在组织设计中，责权一致是基本原则之一。它是指一个组织的管理者所拥有的权力应当与其承担的责任相适应。一旦责权分离，就会产生内耗。例如，开发部门负责产品的质量问题，承担了责任；营销部门负责推广产品，有权就产品向开发部门提出需求，但对后端资源并不承担责任。结果就会导致营销部门提出大量需求，而开发部门疲于奔命。长此以往，开发部门和营销部门必然割裂开来，产生矛盾和冲突，进而引发业务和开发抢权，项目和资源抢权，企业滋生大笔糊涂账。

5. 缺乏尊重

员工是构成企业的基本单位，员工与企业之间不应是狭隘的、简单的雇佣与被雇佣的关系，而应是风雨同舟、沧海共济的伙伴，是利益共享、风险同担的搭档。世界级优秀企业无不以员工为本，将企业的发展和员工的发展统一起来，以员工能力的持续提升作为推动企业持续发展的动力，强调预期管理，即通过投资员工的未来打造公司的未来。然而，有些企业对员工缺乏基本的尊重，只注重短期成果和短期业绩，对于员工能力的发展毫不在意，更多以绩效为导向评价员工，以致出现“你给我赚更多的钱，我就给你发更多的钱”“你不给我赚钱，你就可以走人了”等局面，优秀人才焉能不流失严重！

6. 夜郎自大

任正非曾说：“这个时代前进得太快了，若我们自满自足，只要停留三个月，就注定会从历史上被抹掉。”企业中，下至普通员工，上至高层领导，这类“自满自足”人员用一个成语来形容他们，那就是“夜郎自大”。一个人一旦陷入“自满自足”的状态，便会躺在功劳簿上失去奋斗的动力；一个企业一旦自我感觉良好，便将无法发现自身的缺陷，也难以看到对手的优势。最终，企业将由盛转衰。如何让夜郎自大者销声匿迹？答案是：制订更高的目标。

7. 虚假协作

协作的重要性毋庸置疑。企业在运营过程中，难免会出现各种各样的问题，相关部门之间若能齐心协力、共同进退，往往很快就能解决问题。在解决问题的过程中，有时需要调动企业多个部门的能量方能解决，但这时往往很难调动所需资源，其他部门的负责人要么口惠而实不至，要么推三阻四，使协作流于口头，成为一种虚假的协作。这种虚假协作危害极大，极易导致部门割裂，影响整个企业的团结。此时公司管理层如果不能第一时间介入，往往会给企业带来不可挽回的损失。

8．管控失策

加强管控，本意是为推动企业高效运转，提升企业运营效率。然而有些企业依然停留于 19 世纪的管理模式，希望通过条条框框——种种表象的东西解决系统问题，试图把管理简单化、表面化，致使管控失策。有些企业甚至采取贴膏药式的管控体系，哪里出现问题就在哪里设置监控，使企业管控越来越复杂。21 世纪，面对高度复杂的知识型社会，企业发展必然遇到新问题、新情况，正确的做法应是搭建平台激发员工，审视企业的健康度，营造良好的管理氛围，而不是仅仅局限于枯燥乏味的管控指标。

9．组织低效

史蒂夫・乔布斯说:“公司规模扩大之后，就会因循守旧，他们觉得只要遵守流程就能奇迹般地继续成功，于是开始推行严格的流程制度，很快员工就把遵守流程和纪律当成工作本身。”史蒂夫・乔布斯这番话反映到企业中，直接表现就是效率低下。是什么使企业变得低效?

答案是：无尽的会议、过于烦琐的流程、做不完的 PPT、无效的加班以及不合理的组织机构等。针对组织低效这颗“毒瘤”，越来越多的企业选择扁平化和透明化管理，不断调整组织架构，尝试启用独立团队，均收到不错的效果。

10．反馈失灵

IBM 认为，核心价值观不是写在墙上的口号，而是一种提倡并能获得认可的行为，员工如果因此获得认可，这种行为就会得到广泛传播，对于团队来说也是如此。换言之，**核心价值观需要良好的反馈机制。**企业，尤其是大企业，竞争靠价值观。反馈一旦失灵，考核就会流于形式，不但不能促进企业进步，反而会浪费企业大量人力物力，内耗便不可避免，受伤的不仅是员工，企业也将深受其害。如何构建良好的反馈机制是所有企业都要思考的问题。

2 第二节 心理禁区：精神内耗的 10 种症状

精神内耗又叫心理内耗，是指人在自我控制中需要消耗心理资源，资源一旦不足，人就会陷入一种内耗的状态，若这种内耗长期存在，就会使人感到疲惫。这种疲惫并非身体劳累所致，而是一种心理上的主观感受，是个体因心理方面的损耗而出现的一种状态。

精神内耗对人的影响是多层次的。

第一个层次，影响个人的情绪，从而影响工作的情形；

第二个层次，降低人的生活质量，导致工作效率降低；

第三个层次，降低信心、透支心力，影响进步；

第四个层次，导致恶性循环、心理失衡，工作中负能量升高。

在一个组织中，一旦有员工染上“精神内耗”，必然对组织造成影响。

下面是精神内耗常见的 10 种症状。

1. 消极怠慢

消极与积极相对，表现为不求进取的心态或低落消沉的情绪。消极的人易猜疑、多虑、恐惧，缺乏安全感，表现出过分的自我保护和强烈的排斥心理。简而言之，持消极心理的人往往过于悲观，习惯于朝不好的方向思考问题，容易对生活失去期待，担心希望越大失望越大。如果任由这种精神内耗存在下去，人就会止步不前，什么都不敢做，做什么也都畏首畏尾。机遇是留给有准备之人的，一个消极的人，即便机遇近在咫尺，也必定难以把握，消极的危害由此可见一斑。

2. 迷茫空虚

一个人陷入迷茫就会迷失方向，不知道该往哪里走，内心又很焦虑，只会干着急而毫无办法。从自我发展心理学的角度分析，迷茫源于意义感的缺失，而意义感有两个重要来源，一是目标感，二是人际关系。一个人一旦失去目标，无论是在工作中还是在生活中，都会变得空虚，缺乏动力；一个人人际关系不佳，同样会变得空虚和无聊，觉得周身的一切都失去色彩。总之，这种精神内耗使人对未来感到迷茫，使人生失去确切方向，即便暂时找到方向，也会因思虑过多、长久不能付诸行动而功亏一篑。

3．虚度时光

虚度通常有三重解读：一是强调盲目，指人找不着方向，甚至迷失自我；二是泛指找不到人生意义，找不回自己，不能回归自我；三是特指三观不正、对社会无用之人，也包括一无是处、自私自利之人。虚度之人，无法将有限的时间用于值得投入的事情，个人无法获得成长，生活无法得到提高，最终只能陷入自我麻痹，甚至成为危害社会的害群之马。这种精神内耗的危害是显而易见的，当虚度之人意识到这一危害时，往往已成既定事实，如果不能痛定思痛、痛改前非，随之而来的必将是无尽的悔意。

4．自怨后悔

自怨后悔是指对以前没有做的事情或做错了的事情感到难以释怀，心中总是想着当初为何没有去做或做错，因而不断埋怨和感到懊恼。人生没有后悔药，当一个人感到后悔时，对于业已发生的事情已无回天之力，往往只能自怨自艾。此时，人生走到一个十字路口——向左，摒弃已经发生的事，一切从头开始；向右，继续沉沦于悔意打造的铁笼，在自怨自艾中浪费光阴。选择向右，这一精神内耗就会继续折磨自己，继续对过去念念不忘，让当下继续一团糟……

5. 拖延拖沓

拖延是一种普遍存在的现象，只不过有些人能够克服，而有些人只能任由其泛滥。严重的拖延是一种病，我们称之为拖延症——自我调节失败，指在能够预料后果有害的情况下，仍然把计划要做的事情往后推迟的一种行为。海明威说："如果你做什么都太拖沓，开始得太晚，就不能期望别人还待在那儿等着你。"拖延之人，要么缺乏意志力，要么分析和解决问题的能力不足，要么存在侥幸心理，甚至潜意识里对成功感到害怕。因此，这种精神内耗的结果就是对自己疏于管理甚至放纵自己，将自己置于无可救药的境地。

6. 严重依赖

依赖是指依靠别人或事物而不能自立或自给，譬如子女"啃老"、员工依赖公司等。依赖本来无可厚非，但是长期、无度的依赖，就是一种人格上的缺陷。以子女依赖父母为例，过度依赖往往与家庭环境、家庭教育密切相关，家长溺爱子女或者过度照顾，会使子女在成长过程中丧失独立的能力，依赖心理便会逐渐形成，这在独生子女身上表现得尤为明显。出现这一精神内耗，人便丧失了独立生活的能力和精神，也会对生活缺乏责任感，将无法适应社会。

7. 过分苛求

苛求分为两种：一种是苛求他人，一种是苛求自己。严格要求并没有问题，但如果过分苛求、吹毛求疵，就会给团队带来伤害。苛求他人，无法带给别人好感，反而容易毁掉彼此的关系，消耗的仍是自己的精神；苛求自己，颇似强迫症，凡事追求尽善尽美，不许有任何疏漏，甚至为之不吃不喝、不眠不休。一个人苛求自己，就会陷入一种自我封闭的状态，但欲速则不达，即便取得一些成绩，往往也是得不偿失，因为它浪费了太多的时间和精力。作为一种精神内耗，无论是过分苛求他人还是过分苛求自己，都是不可取的，因为受伤害的最终都是自己。

8. 自我设限

自我设限又叫自我妨碍、自我设阻，其定义为“在表现情境中，个体为了回避或降低因不佳表现所带来的负面影响，而采取的任何能够增大将失败原因外化机会的行动和选择”。简而言之，**自我设限就是给自己的成功设置障碍**，显然，**这是一种不自信的表现，也是拒绝成长的表现**。如果一个人口头总是挂着“我做不好”“我不行”“还是算了吧”之类的话，那么他大概率是一个自我设限的人。因自我设限而逃避，必然对自己不利，这个道理并不复杂，但是明知如此却依然自我设限，就会形成精神内耗，导致恶性循环，再也不敢做出新的尝试。

9. 高估自己

高估是一种过度期待，不能正确认知自我。高估自己，就会眼高手低，迷失自我，招来灾难；高估别人，就会变相低估自己，自我否定，甚至妄自菲薄。比如，高估自己的判断，认为领导对自己非常认可，可一旦意识到事实并非如此，就很容易失望，产生心理落差，进而被挫败感笼罩；又如高估了同事的能力，大有技不如人之感，因此放弃很多同场竞技的机会，若发现对方只是“花架子”，便会陷入懊恼和悔恨之中，产生精神内耗。不管是高估自己还是高估别人，结果都不尽如人意，将陷在“希望越大失望越大”中不能自拔。

10. 盲目攀比

攀比是指不顾自己的具体情况和条件，盲目地与高标准相比、与高水平比较。攀比的可怕之处在于，它会让人迷失方向，使人深陷其中难以自拔，盲目攀比往往滋生无端的妒忌心理。攀比之心往往产生于攀比成风的环境中。例如，家长喜欢攀比，孩子在耳濡目染之下，自然容易加入攀比的队伍；又如职场上，某人身边的同事争穿名牌、买奢侈品，他将很难置身事外，保持一颗平常心。从某种角度来说，攀比等于否定自己，认为自己不如别人，显然，这对自身成长非常不利。这种精神内耗，实质上是拿别人的标准评判自己，以别人的视角定义自己，只会让自己深受其害，让团队产生不公平竞争。

3 第三节
祸起萧墙：内耗升级就是内斗

从个人到团队，从团队到企业，从企业到组织，内耗无时无刻不在上演。内耗由少到多，由浅到深，由温和到激烈，当内耗达到相当激烈的程度时，往往就演变成毁灭性内斗，古今中外概莫能外。

下面是两个内耗升级到内斗的故事。

1. 党锢之祸，殃及国本

东汉末年的汉桓帝、汉灵帝在位时，朝中的士大夫、贵族等对宦官乱政的现象不满，与宦官发生激烈党争，史称党锢之祸。当时，当权者分为宦官、外戚两派，他们交替专权，把持朝政。宦官一党有侯览、曹节、王甫等人，他们任人唯亲，徇私舞弊，败坏朝政，为祸乡里；外戚一党有窦武、刘淑、陈蕃等人，他们清正廉明，品德高尚，激烈抨击宦官一党。

党锢之祸先后发生了三次。

第一次党锢之祸发生于公元 166 年，即汉桓帝延熹九年。当年为大赦之年，宦官一党的赵津、侯览的党羽提前得知即将大赦，便有意赶在大赦之前作奸犯科，试图借大赦之机逃脱惩罚。出乎宦官一党意料的是，成瑨、翟超等正直官员不畏权贵，大赦之后依然按律处置了所有犯罪之徒。宦官一党怀恨在心，便向汉桓帝大进谗言，汉桓帝听信一面之词，重罚了相关官员。朝中重臣、太尉陈蕃等人为此进谏，朝中大臣、地方官员以及民间百姓也多站在士人一边，他们纷纷指责宦官乱政，排斥忠良，为非作歹，却遭到宦官一党的打击报复。两党之间的矛盾由此爆发。次年，汉桓帝新立不久的窦皇后的父亲、槐里侯窦武同情外戚一党，在他的帮助下，汉桓帝再次大赦天下，因遭报复而入狱的党人获得释放，但是放归田里，终身罢黜。这就是第一次党锢之祸。

公元 168 年，汉灵帝即位，是为建宁元年。窦皇后被尊为皇太后，窦武被任命为大将军，陈蕃再度担任太尉，因第一次党锢之祸而遭弃用的名士重新被启用，一时贤人在朝，让人有盛世将至的错觉。宦官一党并不善罢甘休，他们以曹节、王甫等人为首，在窦太后面前大加谄媚，干涉朝政。外戚一党决定铲除曹节、王甫等人，剿灭宦官一党，不料计划泄露，宦官一党发动政变，致使陈蕃被害、窦武自杀，被下狱处死的士人有百余人，遭到逮捕、杀死、流徙、囚禁的更达六七百人，是为第二次党锢之祸。第二次党锢之祸的结果是，士人损失惨重，外戚一党势力大减。

8年之后，即公元176年，是为汉灵帝熹平五年。永昌太守曹鸾上书汉灵帝，为在第二次党锢之祸中遭到禁锢的士人鸣冤，请求解除禁锢。汉灵帝在宦官一党蛊惑之下，不仅没有采纳曹鸾的谏言，反而将之收捕并处死；同时颁布诏书，凡是外戚一党的门生、故吏、父子、兄弟在朝中任官的，一律罢免，禁锢终身，并牵连五族。党锢的范围进一步扩大，波及更多无辜者。这便是第三次党锢之祸。直到公元189年，即汉灵帝中平六年，豪族出身的袁绍为替遭宦官杀害的外戚、大将军何进报仇，领兵冲入皇宫将宦官杀戮殆尽，外戚、宦官长期专权的局面方才结束。

党锢之祸对东汉末年的政局产生了深刻影响。汉桓帝和汉灵帝之前，虽然宦官、外戚专权，但是有名臣陈蕃等人主持朝政大局，士大夫、豪强等大多心向朝廷，局势尚可控制，所谓“汉世乱而不亡，百余年间，数公之力也”（《后汉书》）。但是党锢之祸发生后，清正的官员要么被害，要么遭到禁锢，宦官一党没有制约，更加为所欲为，变本加厉残害百姓，终于激起民变，酿成黄巾之乱。黄巾之乱发生后，士大夫、豪强离心加剧，各地群雄并起，东汉陷入纷争，最终走向灭亡。

2. 苹果内斗，几酿大错

截至2022年1月4日凌晨2点45分，美国苹果公司的市值第一次站上 3 万亿美元台阶，是全球首个市值达 3 万亿美元的公司，相当于全球第五大经济体的 GDP 体量，仅次于美国、中国、日本及德国，可谓“富可敌国”。然而 20 世纪 80—90 年代，苹果公司因为内斗一度迷失方向，几乎被竞争公司收购，这要从史蒂夫·乔布斯创立苹果公司谈起。

史蒂夫·乔布斯自小迷恋电子产品，高中时便常与好友斯蒂夫·盖瑞·沃兹尼亚克一起，在他家的小车库里琢磨电脑。1976 年，刚刚二十出头的史蒂夫·乔布斯与斯蒂夫·盖瑞·沃兹尼亚克得到一块 MOS 6502 处理器，这是 1975 年由美国半导体公司 MOS 科技研制的 8 位微处理器，是当时功效最强的处理器。此后，史蒂夫·乔布斯与斯蒂夫·盖瑞·沃兹尼亚克花了数个星期，组装成了世界上第一台个人电脑。同年，史蒂夫·乔布斯与斯蒂夫·盖瑞·沃兹尼亚克以及龙·韦恩三人在史蒂夫·乔布斯家的车库里创办了苹果公司，他们开发了世界上第一台通用电脑—— Apple I。

Apple I 功能有限，仅能让学习计算机的孩子练习简单的编程，运行简单的小游戏。苹果公司真正脱胎换骨的时间是 1984 年 1 月，新一代苹果电脑麦金托什（Macintosh）横空出世，标志着苹果公司开始走向一个新的时代。麦金托什电脑是世界上第一种拥有交互式图形界面并且使用鼠标的个人电脑，其硬件性能略优于同期的 IBM 电脑，操作系统则领先 IBM 整整一代。因此，麦金托什一经上市便惊艳众人，受到消费者的热烈欢迎。对于苹果公司而言，无论是从技术还是从商业上讲，麦金托什电脑都是一个巨大的成功。1985 年，苹果公司发展非常顺利，已经拥有 4000 名员工，股票市值高达 20 亿美元。

此时，一股暗流在苹果公司内部开始涌动，几乎将之推进无尽的深渊。

麦金托什电脑的成功给了史蒂夫·乔布斯莫大的信心，他矢志于打造更优秀的产品，因此对产品细节更为苛求，加之他的待人方式不够委婉，因此给他带来极大的麻烦：项目经常在最后时刻推倒重来，严重耽误了产品发布时机，由此产生了高额的成本；史蒂夫·乔布斯与其他高管的关系日益紧张。矛盾日积月累，最终爆发。1985 年 9 月 17 日，史蒂夫·乔布斯不得不痛苦地面对一个事实：他被自己一手创立的苹果公司炒了鱿鱼！他难以置信地发现，苹果公司的管理层和普通员工大多站在自己的对立面，支持董事会的决定——他们对于史蒂夫·乔布斯的离开，持支持态度。

然而，史蒂夫·乔布斯的离开并没有让苹果公司走上“正轨”，反而令其陷入长达十多年的低谷期。失去了史蒂夫·乔布斯的苹果公司，迷失了方向。史蒂夫·乔布斯离开后，麦金托什电脑的市场占有率逐渐被 IBM、微软挤占，苹果公司连年亏损，其领导者却回天乏术，一度几乎卖身于 IBM。与此同时，史蒂夫·乔布斯成立皮克斯动画工作室（Pixar Animation Studio），取得空前的成功。

1997 年，苹果公司董事会走投无路，不得不将十多年前被他们赶走的史蒂夫·乔布斯请了回来。重新取得话语权的史蒂夫·乔布斯对苹果公司进行了大刀阔斧的改革，由此造就了苹果公司辉煌的“黄金十年”，并由此走向世界，为今天苹果公司的成功奠定了坚实基础。

4 第四节 各自为政：高层—中层—基层

企业发展到一定阶段，有了一定规模，员工便有了层级划分，出现不同的职责分工和角色定位，通常分为高层、中层和基层。一般来说，高层包括董事长、首席执行官、副总裁和董事等，中层包括各级部门负责人、主管等，基层包括一线班组长、班长以及一线员工等。

高层、中层、基层的工作内容截然不同。

高层负责“想”，即思考，通过调研考察、参会学习、头脑风暴等方式，寻找更多的思维维度、更好的思维参数、更合适的战略方向与管理方法以及更科学的管理工具，由此得出正确结论，指明正确方向，做出正确决策，科学规划企业未来。

中层负责“忙”，即处于执行的忙碌状态，一方面把高层的战略部署准确传达，另一方面带领基层解决问题，同时监督过程、汇报结果。换言之，中层起着承上启下、上传下达的作用，同时身先士卒，带领团队冲锋陷阵。

基层负责“做”，即做事，表现为听话、照做、出活，能够将上级安排的工作精准且不折不扣地完成，对于基层人员来说，没有比按照规定程序把事情做好更重要的了。

如果将一个企业比喻为一个人，那么高层相当于人的大脑，负责思考问题、拿定主意；中层相当于人的躯干，负责协调全身、处理问题；基层相当于人的手脚，负责稳当地走路、妥善地办事。它们虽然分工不同，但是各司其职，紧密相连，相互依存，构成了一个完完整整、健健康康的人。对于一个企业来说也是如此，高层、中层、基层的协调联动，缺一不可。

然而在现实中，并非所有企业都如此层级分明，也不是所有企业成员都能做到层级清晰、分工明确。如果一个企业的高层思考不到位、中层忙碌无效率、基层做事无效果，或者彼此颠倒工作重心，那么可以确切地说，这个企业一定出了问题，该企业大概率内耗严重。

1. 高层内耗“龙虎斗”

高层内耗通常表现为以下几种。

① 拉帮结派，搞小圈子，搬弄是非，挑拨离间，甚至假公济私，公报私仇，严重损害团队和谐。

② 心胸狭窄，自以为是，固执己见，刚愎自用，目光短浅，斤斤计较，无视团队整体利益。

③ 发生了摩擦，彼此就视若仇人，不是积极解决矛盾，而是消极回避矛盾，致使矛盾继续激化。

④ 不以事业、团队为重，而从个人好恶、得失出发，爱唱对台戏，爱拆别人台，致使团队难以形成一致意见。

⑤ 当面一套，背后一套，嘴上说少数服从多数，暗地里设置重重障碍，既定方案得不到有效实施，致使团队一盘散沙。

高层内耗犹如龙虎斗，往往两败俱伤。当年，惠普公司历史上第一位女总裁卡莉·菲奥莉娜与董事会的斗争，就堪称高层内耗的典型案例。

1998年，即将迎来“六十大寿”的惠普公司，已经连续9个季度表现低迷，公司上下正遭遇前所未有的困境。董事会急需找到一位新的CEO，以带领他们走出阴霾。为此，他们甚至专门成立了一个搜寻委员会——机缘巧合之下，他们锁定了卡莉·菲奥莉娜。初到惠普公司，卡莉·菲奥莉娜以她的才干和魅力，迅速获得上下一致认可。她随即大刀阔斧地改革惠普公司，第一把火便是烧掉员工拥有多年的“铁饭碗”，取而代之的是一整套严格的绩效考核方案，同时加大组织机构改革力度，87个部门被整合为17个。此前对卡莉·菲奥莉娜抱有好感和希望的员工，包括董事会成员，开始对其心生怨恨。卡莉·菲奥莉娜不为所动，继续坚持改革——裁员，打破惠普公司延续了近60年“只雇人、不解雇人”的企业文化。这下惠普公司上下更是惶恐不安，不过，卡莉·菲奥莉娜凭借此前改革取得的成功，艰难地说服了董事会。此时，大部分员工已经将卡莉·菲奥莉娜当作背信弃义之人，所以将好感抛之脑后，代之以谩骂和攻击，她有了一个外号——杀人女魔头。

内耗，不可避免地出现了！

卡莉·菲奥莉娜并未意识到内耗将会给她带来什么，她专注于惠普公司的弱点，认为唯有跟康柏公司联合，才能真正走出危机。在她的全力推动下，惠普公司兼并了康柏公司。此后，惠普公司逐渐向好，然而卡莉·菲奥莉娜却在内耗的侵蚀下将自己推向深渊。

2005 年 2 月的第一天，即卡莉·菲奥莉娜担任惠普公司 CEO 整整 5 年时，她按照惯例参加董事会，在做完总结发言之后，被要求离开会议室。卡莉·菲奥莉娜一头雾水，苦苦等待 3 个小时之后，当她再次走进会议室，董事们早已不知去向，只有两名代表在场，他们告诉卡莉·菲奥莉娜："您被解雇了！"

卡莉·菲奥莉娜黯然离开，连交接都没有。在卡莉·菲奥莉娜离开之后，她的继任者却坚持并延续了她的改革方案和发展战略。卡莉·菲奥莉娜成了内耗的牺牲品。

2. 中层内耗"猛于虎"

一个组织首先要有准确的战略目标，去做正确的事；然后，要有一个强有力的中层执行团队，去正确地做事，所谓"上下同欲者胜"。

如果中层发生内耗，那么再正确的战略也是徒然。

中层内耗通常表现为以下几种。

① 与高层缺乏有效衔接，与基层不能打成一片，致使上传下达、承上启下的功能大打折扣，对上不能提供支持，对下不能有效帮助。

② 之间势如水火，彼此针锋相对，谁都高看自己一眼，低看他人一头，整个中层一盘散沙。

③ 孤芳自赏，自我感觉良好，面对高层心中一万个不服，面对基层一百个瞧不起，失去了自己的角色定位。

④ 野心太重，与高层争夺管理资源，对基层肆意打压，高层、中层、基层各自为政，致使企业动荡不安。

中层内耗犹如苛政，负面影响不言而喻。在中国历史上，因为内耗导致自家阵营里的精英人物频繁出走进而成全对手的例子不胜枚举，譬如项羽和刘邦的故事。

楚汉之争，最终以项羽自刎乌江、刘邦夺得天下而结束。其实在战争之初，两人实力悬殊，以项羽占优。不承想，短短几年时间，形势便发生逆转。项羽失败有多种原因，其中不擅用人最为后世诟病。由于项羽阵营内耗严重，导致中下层频繁出走，纷纷投奔刘邦阵营，其中以韩信、陈平和英布最为典型。

公元前 209 年，陈胜、吴广揭竿而起，项梁也带领义军北上，韩信投奔项梁，始终默默无闻。项梁败亡后，义军归属项羽，韩信被封为郎中（**相当于近身守卫**）。韩信多次给项羽献计，项羽刚愎自用，不予采纳，韩信郁郁不得志，心生去意。公元前 206 年，刘邦入蜀，韩信离楚归汉，担任连敖（**管理仓库的小官**），依旧不为人知，后为夏侯婴赏识，经其推荐被刘邦封为治粟都尉（**管理粮饷的官职**），仍然不受重用。韩信心灰意懒，星夜离开，后被萧何追回，这就是“萧何月下追韩信”的典故。在萧何的大力举荐下，刘邦拜将韩信，韩信终于迎来大展宏图的机会，此后一路高歌猛进，帮助刘邦灭楚立汉，终成一代“兵仙”。

同在陈胜起义之后，一个叫陈平的人来到项羽帐下做谋士。与韩信不善言辞不同，陈平能说会道，他跟随项羽入关攻破秦国，项羽赐给他卿一级的爵位,在项羽阵营中算是妥妥的中层。当然,相比“亚父”范增的地位，陈平还难以望其项背，只要范增尚在，陈平难有出头之日。此后的鸿门宴上，陈平作为项羽阵营中的一员参加了，并借此机会对刘邦有所了解。他笃定，项羽终究难成气候，刘邦必将大有作为。公元前205年春天，因在与刘邦的战斗中失利，项羽迁怒于陈平，陈平又气又怕，决定弃楚归汉，很快便得到刘邦重用。此后，他为刘邦“六出奇计”，在楚汉战争和平定异姓王侯叛乱等役中屡建奇功。

几乎与韩信和陈平同时走上历史舞台的还有汉初三大名将之一的英布。公元前206年，项羽分封天下，英布因战功显赫而被封为九江王。同年，项羽拥立楚怀王为义帝，却暗中命人偷袭杀之，他授令的心腹便是英布。此后项羽与英布有所疏远，前者为了树立权威，要求天下诸侯唯其马首是瞻；后者居功自傲，不愿再对项羽毕恭毕敬——两人之间出现矛盾，且愈演愈烈。楚汉之争爆发后，项羽数次向英布征调军队，英布都托病不往，仅派部将领着数千人应付了事。为此，项羽心生怨恨，屡派使者前去责备。英布此时才恍然大悟，不免惴惴不安。刘邦趁机遣使游说，英布权衡利弊，投向刘邦阵营。公元前203年，刘邦封英布为淮南王。公元前201年，英布率军到达垓下，与其他汉军会合，合围项羽，项羽兵败自杀。

在现代企业中，公司由于中层内耗，致使企业错失发展良机的案例大量存在。

我有一个做计算机技术的朋友金某，2010年以后，他联合了两个同事和几个技术骨干共同创业，自己开了公司，正赶上移动互联网发展的黄金十年，业务发展得顺风顺水，在细分领域做得风生水起，几年间，公司做到营收近亿元。

创业初期，大家起早贪黑，心往一处使，小伙伴们相处得也很和谐，有什么矛盾，摆上两桌，大家推杯换盏中，问题也就解决了。

随着业务量的直线上升，人手紧缺，在如何扩大队伍上，金总和他共同创业的副总产生了分歧，金总希望提拔一起创业的同事，而副总负责公司的营销与客服，则希望引进职业销售团队与客服团队，尽快扩大销售，占领市场。结果，金总提拔了老同事做技术部负责人，一位副总招进了销售团队负责人和大量销售人员，另一位副总引进了自己的同乡作为客服负责人和客服员工。公司规模很快突破了200人。

团队管理的问题，归根结底，是人的问题。

金总本是做技术出身的，公司初创时期，他以技术起家，带领十几到几十个人的小团队没问题。而随着公司的发展，金总管理方面的短板逐渐显现出来。公司外来的“空降兵”很快和创业“元老们”产生了矛盾，销售团队埋怨技术团队开发工作慢半拍，与竞争对手产品同质化过多。售后服务团队抱怨销售团队只顾猛冲猛打，留下一堆烂摊子要服务团队收拾。而公司要开疆拓土，奖励又向销售团队倾斜，引发了技术团队、售后团队和行政部门的不满。

刚开始，大家还碍于面子，只在部门内报怨几句。但当一个大型招标项目失败后，冲突彻底爆发了，公司会议上，部门负责人直接争吵了起来。而每个部门都有自己主管老总作靠山，明争暗斗愈演愈烈。本来三位老总是一起出来创业的同事，却搞得互相心存芥蒂。

结果，公司业务连续三年出现了停滞，金总诉苦说，几十人时公司做的多少业务量，现在两百多人，还是那么大业务量。更可怕的是原来在细分领域遥遥领先的技术与业绩，被几家后来的竞争者超越了。

3. 基层内耗“窝里斗”

基层内耗通常有以下几种表现。

① 与高层及中层分割严重，缺少有效沟通，有阶层分化倾向，上下不能拧成一股绳。

② 以个人为中心，目光短浅，工作态度消极，只注重个人利益，无视团队需要，缺少团队精神，无法开展团结协作。

③ 缺乏坦诚，没有诚信，彼此猜忌，爱打小报告，相互使绊子，陷入人际斗争的旋涡。

④ 人人相轻，缺乏包容，缺少尊重，摩擦不断，冲突较多。

⑤ 分帮结派，人为制造对立，甚至大打出手。

⑥ 心理状况堪忧，精神状态不佳，工作效率低下，人才流失严重，危机事件时有发生。

基层员工人数众多，通常是高层和中层的数倍乃至数十倍。若基层员工内耗严重，无异于一群人“窝里斗”，企业会乱成一锅粥，连基本的稳定都将无法保障。

总之，无论高层、中层还是基层，对于企业来说，内耗都是一种病、一种痛，它时刻都在侵蚀着企业的机体，悄悄地将企业推向覆灭的边缘。因此，认识内耗势在必行，消除内耗箭在弦上，它是每个人、每个团队、每个企业都要面临的严峻挑战。

市场竞争严酷，企业不容大意。

附录工具 1：快速识别冲突类型

1. 冲突类型包括人的冲突和非人的冲突（即任务冲突或程序冲突）
2. 有没有什么简单的方法，可以快速甄别出冲突的类型呢？
3. 提出下面的问题：“如果换个人，问题能解决吗？” 如果回答不能解决，说明不是“人”的问题，由此可以排除“人”的冲突； 如果回答能解决，那说明大概率不是“任务”冲突或“程序”冲突而是“人”的冲突

2 第二章

为什么组织会有内耗?

组织是指人们为了实现一定的目标，互相协作结合而形成的集体或团体，包括企业、工会、党团等。不管在什么样的组织里，内耗都会存在。内耗，堪称组织成功的第一杀手。那么，组织为什么会有内耗？这些内耗又有什么危害？找到原因，问题就解决了一半，本章着重分析形成内耗的原因。

2

第一节
内耗是组织成功的第一杀手

组织为什么会有内耗？无数行业专家和企业管理者曾经如此发问。虽然答案有所不同，视角大相径庭，侧重点也千差万别，但是得出的结论却基本一致——内耗是组织成功的第一杀手。

内耗是事物存在和发展的一种普遍属性。事物或系统内部各个组成部分之间相互干扰、相互冲突、相互抑制，各种有用的能量相互削弱、相互抵消，这一现象便是内耗。从这个角度分析，组织里的内耗可以分为有形内耗和无形内耗两类。

1. 有形内耗——看得见的内耗

有形内耗，简而言之就是肉眼能够看得见的内耗。有形内耗往往容易发现，也容易理解，是组织内每时每刻都在“上演”的内耗。最为常见的有形内耗就是浪费，比如水龙头滴滴答答“细水长流”、空调彻夜不关、“煲电话粥”、公器私用……除了浪费，常见的有形内耗还有行为不规范、行事拖沓等。

有形内耗在组织发展的初始阶段表现得最为明显。组织处于这一阶段，往往尚无完善的规章制度，组织凝聚力尚且不足，团队精神较为欠缺，团队文化尚未形成。因此，它对组织的影响也是“有形”的，几乎肉眼可见。浪费的都是成本，节省的都是利润；不规范容易导致争执，争执容易造成矛盾；拖沓使工作效率低下，工作越来越陷于被动……唯有降低各种有形的内耗，以至将其消除，组织才能拥有发展壮大的机会。

2. 无形内耗——看不见的内耗

无形内耗，简而言之就是肉眼看不见的内耗。相比有形内耗，无形内耗隐蔽性更强，危害性更大，更具杀伤性。例如，部门之间权责不明，频频出现沟通障碍，遇事推诿、办事拖拉等现象屡见不鲜；上下级之间出现利益冲突，不能拧成一股绳，导致工作效率持续下降；员工之间频现摩擦，矛盾不断升级，甚至引发钩心斗角；决策者多而执行者少，会说者多而做事者少，人浮于事，尸位素餐……

显然，相对于有形内耗，无形内耗的危害有过之而无不及。对于组织来说，只有完善规章制度并加以落实、加强流程建设并执行到位、加大管理力度并协调发展，真正做到防微杜渐，将所有无形内耗消灭在萌芽状态，才能保证组织持续健康发展。

3. 追根溯源——为什么组织会有内耗？

内耗常跟冲突、斗争联系在一起。在组织内，通常冲突越多、斗争越激烈，内耗越严重。然而实际上，看不到冲突、不出现斗争，并不表示内耗不存在。恰恰相反，可能冲突、斗争仅仅暂时被某种因素压制了，等到时机成熟，它们会以更加激烈和残酷的方式爆发出来，产生更加难以控制和预料的后果。况且，压制冲突和斗争，本身就是内耗。因此，消除组织内耗的关键不在于抑制，而是追根溯源找到内耗产生的机理，减少并最大限度降低内耗，同时做到防患于未然。

就冲突而言，其一般被分为三类：任务冲突、程序冲突和关系冲突。

任务冲突，就是任务设置本身并不合理；程序冲突，就是授权和角色发生冲突；关系冲突，就是人际关系发生问题。在这三类冲突中，任务冲突和程序冲突通过组织可以被轻松诊断出来，并能得到有效解决。而关系冲突则不然，它不易被察觉，而且是恶性的。换言之，真正令人担忧的内耗是源于关系冲突的内耗，即避免冲突个人化方能最大限度地减少内耗。

1992年，美国社会学家罗纳德·伯特在其所著的《结构洞：竞争的社会结构》一书中首次提出了“结构洞”（Structural Holes）理论。**所谓结构洞，是指社会网络中的空隙，即社会网络中某个或某些个体与有些个体发生直接联系，而与其他个体不发生直接联系，从网络整体来看，网络结构中好像出现了“洞穴”。**结构洞是针对第三方而言的，即两者之间缺少直接联系，必须通过第三方才能形成联系，该第三方便于关系网络中占据一个结构洞。该书认为，个人在网络中的位置比关系的强弱更为重要，决定其拥有的信息、资源与权力。显然，存在于人际网络中的结构洞可以为处于该位置的个人带来信息和其他资源上的优势。

现在回到组织内耗的话题上来。结合结构洞理论可以发现，组织中不乏结构洞存在。员工与员工之间，部门与部门之间，职能与职能之间，一旦占据结构洞之间的连接位置，其将在很大程度上影响员工、部门或职能效用的发挥。当一个组织没有内耗或者内耗较少时，其作用将是积极的、正面的、有益的；而一旦内耗严重，必然影响员工的团结、部门的协作、职能的行使，进而引发严重冲突，导致内耗加剧，组织也将深受其害。

从这个角度来看，对于一个组织来说，避免冲突个人化可以最大限度地减少内耗。参考方法包括以下几种。

① 明确程序，公开处理，化解矛盾。

② 引入外部评判机制，加强第三方干预，统一目标，分化矛盾。

③ 主动引爆矛盾，定期安排辩论，满足诉求，以毒攻毒。

4. 认识危害——组织是如何走向失败的？

《中庸》曰:“国家将兴，必有祯祥；国家将亡，必有妖孽。”一个组织或一家企业走向兴盛还是衰败,早有征兆。内耗,往往“悄无声息”地来,“轰轰烈烈”地去，留下一地鸡毛，令人唏嘘。中国近代史上，太平天国就是这样在内耗中走向失败的。

1851年初，由洪秀全、杨秀清、萧朝贵、冯云山、韦昌辉、石达开等组成的领导集团，在广西金田村发动武装起义，竖起了反抗清朝腐朽统治的大旗,并建立太平天国。1864年,太平天国首都天京（今南京）陷落，宣告太平天国运动失败。

太平天国运动历时14年，部分领导人开始向西方寻求真理，探索中国独立、富强的道路，承担起反封建、反侵略的任务，并提出一整套纲领、制度和政策。太平天国运动是中国农民战争的高峰，但仍未摆脱失败的命运。

历史学家普遍认为，太平天国运动由盛转衰，转折点就在“天京事变”。1853年3月，太平天国定都天京，从此洪秀全深居简出，抛弃了起义之前大力宣扬的“天下一家，共享太平”的理念，沉溺于特权和享受，穷奢极欲，不思进取。东王杨秀清不遑多让。由于洪秀全“临朝而不理政”，由东王节制诸王，大权遂落入杨秀清之手，其东王府也是穷极工巧。杨秀清的封建特权思想恶性膨胀，严重脱离群众，作风极度张扬，甚至用“天父下凡”的招数惩罚洪秀全。为了显示特权，杨秀清设立各种酷刑，连北王韦昌辉、燕王秦日纲以及翼王石达开的岳父黄玉昆等高级将领都未能幸免。杨秀清如此骄横跋扈，和诸臣之间的积怨自然日甚一日，加之洪秀全对其心生不满，终于酿成一场灾难——天京事变。1856年9月，北王韦昌辉受洪秀全密令，杀害杨秀清及其家眷、部下和太平军精兵两万多人！翼王石达开同样收到洪秀全密令对付杨秀清，但是十余日后他率军赶到天京，对韦昌辉滥杀之举大为不满，双方不欢而散。石达开意识到危险，连夜逃离天京，韦昌辉在洪秀全的授意下杀其家眷及王府部属。后石达开起兵讨伐韦昌辉，洪秀全为求自保，于是杀死韦昌辉，同时处死与韦昌辉一起参与诛杀杨秀清的燕王秦日纲等高级将领。天京事变导致三王殒命，太平天国内部自相残杀，实力遭到严重削弱。而天京事变引发的矛盾并未就此戛然而止，反而愈演愈烈。此后，石达开因受到洪秀全猜忌，率领数千人出走，后在大渡河陷入清军重重包围，或被遣散，或被屠戮。至此，洪秀全、杨秀清、萧朝贵、冯云山、韦昌辉、石达开六人组成的领导集团已去其五（**南王冯云山、西王萧朝贵早在定都天京之前就已先后战死**），太平天国陷入极为困难的境地。后虽经李秀成、陈玉成等人努力，军事上稍有起色，但是终究回天乏术，不断衰落，逐渐走向失败。

2 第二节 高层为什么会有内耗？

企业中高层的地位与作用在前面的章节已分析讨论过，本节主要分析高层产生内耗的原因。

1. 原因简析：一个视角，两种解读

高层内耗分为结构性内耗和非结构性内耗两种。从这一视角出发，高层产生内耗的原因也有两种解读。

所谓结构性内耗，指的是在一定情况下，由于排列组合违反互补、优化原则，个体素质出现结构性失调，导致“1 + 1 < 2”效应。最

常见的原因包括以下几种。

① 专业结构不合理，有的高层只能负责具体性工作而无战略决策能力，有的高层分工缺乏大局观念，有的高层只注重自己“一亩三分地”而无法与其他高层配合、衔接等。

② 素质结构不理想，高层或格局觉悟不高，思想意识存在问题，刚愎自用，独断专行，爱搞“一言堂”；或意气用事，不以是非曲直为断，而以个人好恶论是非；或争名夺利，投机钻营，为了个人利益不择手段。

③ 气质结构不协调，或“刚配刚”，导致高层之间遇事针锋相对，互不相让，陷入无休止的纠缠之中；或“柔配柔”，导致高层之间“沉默是金”，遇事埋在肚子里，面和心不和；副职越位而无法与正职保持协调，“二把手”错位而无法发挥传递、协调、辅助等应有的作用。

所谓非结构性内耗，指的是社会环境、传统习俗、心理因素等导致的心理影响，最常见的原因包括以下几种。

① 小农思想作祟，受小农经济观念和小商品意识的影响，守旧心态非常明显，思考、处理问题皆以个人得失为转移，不屑于与人协作，且爱嫉妒、爱计较。

② 个人私欲膨胀，弄虚作假，欺上瞒下，急功近利，爱慕虚荣，一旦与其他高层发生利益冲突，便睚眦必报，挟私报复。

③ 派性观念过强，拉帮结派，结党营私，任人唯亲，排除异己，各自划分“势力范围”，与其他高层“泾渭分明”。

④ 逆反心理严重，遇事不看前因后果，爱用主观标准论断是非曲直，常意气用事，发无名之火，甚至求全责备，肆意否定他人。

2. 典型案例：两个故事，一种结果

德国在第二次世界大战期间，曼施坦因、隆美尔和古德里安被后人并称为第二次世界大战期间纳粹德国的三大名将。三人虽然是“帝国”柱石，但他们也经常发生矛盾、相互内耗，再加上将帅失和，加速了纳粹德国的瓦解。

曼施坦因和古德里安的关系较好。在古德里安看来，曼施坦因是一位优秀的指挥官。而曼施坦因则认为，古德里安是一位出色的坦克战专家。在两人的回忆录里,都把对方称为自己的“朋友”或者“挚友”。

早在法国战役开始前，曼施坦因就曾和古德里安一起探讨进攻计划的“可行性”。古德里安的装甲闪击战和曼施坦因的“战术思维”不谋而合，因此二人逐渐结下了良好的“友谊”。

其实他们二人之间远没有表面上那么好！在库尔斯克战役中，二人因战略上的分歧而一度“闹得不愉快”：当时任“装甲兵总监”的古德里安希望德军能延迟发起进攻，而曼施坦因却刚好相反，他希望尽快发起库尔斯克战役。

矛盾闹到了希特勒那里，希特勒只好采取了一个“折中方案”，结果反而把库尔斯克战役搞得更加被动，最终导致失败。

另一名陆军元帅隆美尔同时遭到曼施坦因和古德里安的鄙视和“嫌弃”：他们从内心深处都不太看好隆美尔，觉得隆美尔的才能最多只是个非常优秀的师长，顶多是及格的军长，绝对不是合格的集团军司令。

他们认为隆美尔的战略眼光太差。当时德国的高级将领基本上都有

在总参谋部任职的履历和经历，而隆美尔却没有。另外，隆美尔也不是出生在一个军人世家。到高中时由于学习成绩不好，隆美尔没有机会去大学读书。后来在父亲的劝说下，十八岁的隆美尔才走上了从军之路。

平凡的履历使隆美尔的人气在讲求贵族出身的普鲁士军队高层中远不如古德里安和曼施坦因，同时也遭到了古德里安和曼施坦因的鄙视和“嫌弃”。

隆美尔和曼施坦因没有什么交集，但和古德里安的关系很糟糕，是公认的“不太友好”，两人经常在战争中发生争吵。

早在诺曼底登陆之前，两人就因为一系列的防御方针发生过巨大分歧：隆美尔当时主张把德军坦克集群放在西岸。这样做的话，在盟军还没有登陆时就可以用远程炮火攻击他们。而古德里安则认为，坦克集群放在西岸会受到盟军舰炮的攻击，应该将它们放在东面，作为后备支援兵力使用。双方意见不合，最后演变成了一次激烈的争吵。在古德里安的回忆录里记下了这次争吵，二人一直“积怨甚深”。特别是到了纳粹“帝国”将要崩溃之时，两个人因为战术和部队部署等问题，又发生过不止一次的争吵。

这三大名将虽然为希特勒立下赫赫战功，但是都因得罪希特勒而被革职，其中隆美尔最惨。

隆美尔由于涉嫌参与“刺杀希特勒”的计划,最后被希特勒给“赐死”了。而古德里安和希特勒的私交一直不错，但是他经常当面顶撞希特勒，后来希特勒再也无法忍受古德里安，罢免了他总参谋长的职务。而那位精明的曼施坦因，也在战争后期因为和希特勒意见不合，被希特勒剥夺了职务。

像这样本身就是非正义的组织，又是互有私心，团队失败得越快越好。

将帅失和，互相指责，互不配合，一个团队不失败都很难。

企业高层一旦出现内耗、内斗，结果便如出一辙。

真功夫，曾是中式快餐连锁第一品牌，巅峰时在全国拥有700多家连锁店，可谓家喻户晓。然而在2010年前后，真功夫一度濒于崩溃的边缘，其究竟发生了什么？

20世纪90年代初，年轻的蔡达标和潘敏峰不顾家人反对领证结婚，婚后不久二人开了一家五金店，可惜以倒闭告终。两人遂投奔潘敏峰的弟弟潘宇海，后者经营一家甜品店，生意不错，正需人手。夫妻二人携4万元入股，各持25%的股份，潘宇海持股50%。刚开始几年里，潘宇海牢牢掌控这家店，随着生意越做越大，蔡达标的策划和管理才能逐渐显露出来。在蔡达标的力主下，打遍全国无敌手的“真功夫”应运而生。自2004年在广州开了第一家“真功夫”餐厅，仅仅过了一年，门店数量便超过一百家，成为中式快餐连锁第一品牌。

然而光鲜之下早已暗藏隐忧。2006年潘敏峰因实在无法忍受蔡达标糜烂的私生活而与其离婚，但蔡以公司正在引进风投谈判为由要求潘对离婚的消息保密，并将股权交其一人管理。

此后，与潘宇海同样拥有真功夫41.74%股权的蔡达标，打着“去家族化”的旗子，大肆安插蔡氏亲族，排挤潘宇海，试图完全掌控真功夫的经营大权。潘宇海虽被架空，甚至连财务资料都无权查看，但是他一直隐忍着等待时机。

2009年，潘敏峰终于下定决心站到台前，公开举报前夫蔡达标，第一次在媒体前控诉蔡达标对自己的欺骗和伤害。借此机会，潘宇海开始谋求重新掌控公司。

首先，潘敏峰一纸诉状将蔡达标告上法庭，要求分割其持有的真功夫的股权，相当于索回当初让给蔡达标的股权；接着，潘宇海提出公司财务账目似有异常，要求查看详细的账目资料，蔡达标拒绝了后者的要求，潘宇海遂向广州市天河区法院申请，要求行使自己的股东知情权，法院依法查封了真功夫2007—2008年的部分账目。经调查，法院认定蔡达标犯有职务侵占罪、挪用资金罪，最终被判有期徒刑14年……

蔡达标被查期间，真功夫几乎陷于绝境。潘宇海回归后，潜心经营，慢慢走出困境，于危机之中稳定了真功夫，使之重新回到正轨。

3 第三节 中层为什么会有内耗？

关于中层的地位和作用，第一章第四节业已有阐述，本节继续探讨中层内耗产生的原因。那么，中层为什么会有内耗呢？

1. 原因有四，个个致命

（1）不了解组织文化。不了解组织文化，就无法真正融入组织。组织文化是一个组织由其价值观、信念、仪式、符号、处事方式等组成的特有的文化形象，包括组织在日常运行中表现出的方方面面。组织文化是在一定条件下，组织在生产经营和管理活动中创造的具有其自身特色的精神财富和物质形态，包括组织愿景、文化观念、价值观念、组织精神、道德规范、行为准则、历史传统、文化环境以及制度、产品等。组织文化是组织的灵魂，是推动组织发展的不竭动力，其中价值观和精神是组织文化的核心。若中层不了解组织文化，就意味着与组织格格不入，真正融入组织就是一句空谈。

① 不了解组织文化，中层便无法获得使命感，失去了工作的目标和方向。

② 不了解组织文化，中层将难以获得归属感，追随组织追求同一个梦想就是无稽之谈。

③ 不了解组织文化，中层必然缺乏责任感，就很难拥有危机意识和团队意识。

④ 不了解组织文化，中层将无法获得荣誉感，多做贡献、多出成绩就是空话。

⑤ 不了解组织文化，中层将难以获得成就感，也就失去了积极进取、更上一层楼的信心。可想而知，中层一旦出现这一内耗，必然导致问题越来越多，对组织的伤害越来越重，久而久之，组织必定士气低落，缺乏凝聚力。

（2）忽略核心工作。忽略核心工作，就意味着核心功能的丧失。中层的核心工作一是承上启下、上传下达，二是带领团队、创造业绩。因此，中层必须对上汇报工作，争取资源和支持，对下管理好团队，使团队按时按质完成关键绩效指标。忽略核心工作，反映了中层对自己的角色定位缺乏明确认识，表明中层上传下达的能力、水平存在严重问题，说明中层在计划管理和项目督办方面无法落实到位，意味着中层无法向基层提供完成任务所需的资源和支持等。总之，一旦出现这种内耗，中层与高层容易出现沟通障碍甚至严重偏差，与基层难以融为一体甚至导致工作停滞，理应承担的责任将大打折扣，应该发挥的作用将与组织的期待相去甚远，甚至与组织拟定的方向南辕北辙。

（3）不尊重基层员工。不尊重基层员工，就会失去最广大员工的支持。尊重是指平等对待的心态及言行。中层不尊重基层员工，通常表现为不给基层员工畅所欲言的机会，对基层员工态度恶劣，不讲科学瞎指挥，办事不公、奖罚不明，缺乏原则、欺上瞒下等。尊重是相互的，是发自内心的，中层只有尊重基层员工，才能赢得对方的尊重。出现这种内耗，中层定会失去基层员工的信任，基层员工的积极性将会遭受沉重打击，导致人员流动性大，难以保持团队稳定。对于组织来说，中层的这一问题，会导致员工缺乏安全感和归属感，人才流失必定严重，对于组织的长远发展有百害而无一利。

（4）贪污腐败。贪污腐败，就意味着初心不复。贪污是指工作人员利用职务之便，侵吞、窃取、骗取或者以其他手段非法占有财产的行为；腐败则是指工作人员思想陈腐或行为堕落。对一个组织来说，贪污腐败堪称“毒瘤”，犹如定时炸弹。中层一旦迈出贪污腐败的第一步，便违背了堂堂正正做人、认认真真做事的初心，只会越陷越深，难以“浪子回头”。对于一个贪污腐败的中层来说，本职工作只是一个幌子，承上启下、上传下达只是一个假象，带领团队、创造业绩已是一句空谈，其目的是利用手中的权力、职务的便利，满足一己之私。中层出现这一内耗，首当其害的必然是组织。在贪污腐败的过程中，组织内部必定管理混乱、发展受阻，外部必定形象尽失、损失巨大。如果不能痛定思痛，不能以刮骨疗毒的决心全面整改，组织最终定会分崩离析。

2. 结果仅一，概莫能外

某大型互联网公司非常重要的事业部，发生了一场极其复杂的内斗，而且不是一般的小打小闹，是餐桌上的大打出手。

事业部由一位女领导带领，下面最重要的小组由一位男领导领军，这位男领导是由女领导直接招聘进来的。

女领导性格强势且控制欲强，经常推开门就厉声询问业务，总是黑着脸。虽然她时常这样，但是业务能力没话说，是个能出业绩的领导。

男领导则充满了智慧，日常和下属们吐槽开玩笑，每次开会女领导骂新人的时候，男领导总是帮衬新人，也是个很受欢迎的中层干部。有时候女领导也会毫不客气地当着下属的面训斥男领导，男领导总是高情商地化解了女领导的怒气。

这两个人搭配起来看似非常完美。可直到有一天矛盾爆发了，人们才看到了内斗的可怕，由此产生的内耗对公司造成了很大的损失。

矛盾的爆发点是女领导拉来的一位潜在客户。男领导下属做的内容产品影响到了潜在客户的利益，这让潜在客户非常不满意。内容业务是男领导负责，正当他和对方交涉之际，女领导得知了此事，一状告到大老板那里，大老板直接批评了男领导。

中午吃饭的时候，男领导黑着脸对旁边的人说："这是她第几次打小报告了？"

当晚公司聚餐时，女领导向大老板抱怨诉苦，说自己多么不容易，为了公司业务呕心沥血，而男领导做事情不够认真。

等所有人到齐后，女领导的情绪一下子就上来了。她边骂边哭，越说情绪越激动，然后噌地一下子站起来，抄起手边的烟灰缸就砸向了男领导，还拔高了嗓音咬牙切齿道：“你是要堵我的路吗？”顺势就要扑过去。

所幸烟灰缸没砸到人，此时男领导也不甘示弱，站起来大吼了一声就把桌子掀了，满桌子饭菜噼里啪啦掉到地上，震惊了全场。众人见状赶忙拉架，把人分开，最后闹腾到半夜两点多才收场。

其实这两个人的矛盾一早就有了。女领导强势且沟通方式有问题，男领导经常被女领导一训就是一个小时。而女领导拉客户是有提成的，男领导失误相当于直接断了女领导的财路。同时男领导也觉得自己能力很强，没必要屈居人下。

这两个人的内斗直接导致潜在客户的流失，为公司业务带来了巨大损失。大老板分别把两人调离了各自的工作岗位，本来是公司最强的事业部，由于两人矛盾产生的内耗，年底评比中跌至倒数第一，业绩大幅下滑。

内耗之危害，同样让企业难以承受。

深圳一家化妆品公司，经过老板 A 多年苦心经营，终于形成一定规模，并在珠三角地区拥有了一定的知名度。为了做大做强，将品牌推向全国，A 自感能力有限，遂引入职业经理人制度。后经好友介绍，重金聘请 B 担任公司总经理。

B 走马上任后，与 A 数次深入交流，时隔不久便递交公司未来

10年的发展规划和管理方案。A研读后大为赞赏，相见恨晚，下定决心退居幕后。为了帮助B树立权威，在此后不久举行的全员工作大会上，A正式宣布退休，将公司全权委托给B，由后者全面负责公司各项业务和管理工作。B为A的诚意和胸怀折服，决意以成绩说话，将公司带上一个新台阶，以报答A的信任。

大权在握后，B第一时间打造团队。为了保证新老业务快速对接，B在保留原有队伍骨干力量的同时，招来昔日得力旧部C出任自己的副手，由其负责公司的日常管理，而自己专注于公司整体战略。另外，B经朋友推荐聘用了市场部经理D，又着手组建新的人事部门，并经好友鼎力推荐聘请E担任人事部经理。D和E由C直接领导。新的团队组建完成后，大家各司其职，投入紧张的忙碌中。公司各项工作有序推进，呈现一派欣欣向荣景象。然而，这一景象仅仅维持了一个月，问题便开始显露出来。

第一个月的薪水发放后，E拿着公司制度文件心事重重地找到C，就薪资制度提出自己的看法和意见。虽然E说得“冠冕堂皇”，但是C意识到对方其实是对薪资颇有微词。公司所有中层的薪资待遇都是在入职之前谈妥的，双方没有异议之后方才签订聘用合同。E入职后发现自己的工资低于市场部经理D，同为中层，又是平级，E认为他们二人的待遇理应相同，由此在心理上产生抵触情绪。C明确表示，待遇合同上已经确定，短期内难以改变，但是他会将此事上报总经理B，争取在合适的时机给E加薪。E这才带着差强人意的表情离开。

转眼四五个月过去，各个部门都忙得不可开交，加班加点已是家常便饭。又一个发薪日，E再次找到了C。这次E借着为部门连续加班申请加班费的名义，又一次聊到了待遇问题。C近期工作压力大，心理上本来极为焦虑，见E为此找上门来，未免心生厌烦。不出所料，申请加班费的单子签完字后，E直言不讳地问到自己何时可以加薪。双方本都带着情绪，一言不合便冒出火星，双方不欢而散。此后，E在公司里大肆宣扬C仗势欺人、厚此薄彼，鼓动本部门员工一起要求加薪，并搬出D的工资待遇做挡箭牌，矛头直指C和B。C首先反击，双方矛盾激化。B为大局考虑，将E的工资待遇提高到与D同等的水平，由此又招来D的不满——他加薪了，为何我不加？

多方僵持，矛盾一时难以化解。不久，D另谋高就，正式提出离职。市场部顿时人心涣散，陷入混乱局面。E虽然提薪了，但是被其他部门员工非议，尤其与C更是水火不容。B正陷入两难境地，E也提交了辞职书——他找到薪资待遇更好的公司了！于是，人事部的工作也陷入停顿。更为糟糕的是，整个公司因此人心浮动，公司陷入风雨飘摇之中，不出一个月，经济损失达数百万元。

中层内耗内斗和公司经营不利的消息很快传到老板A耳中，在了解前因后果之后，他首先开除了C，然后委婉地向B表达了另谋高就的建议。A非常后悔放权，在请走B之后，他重新“披挂上阵”，试图扭转不利局面。但他发现，不过半年时间，市场已经发生重大变化，公司业已失去走出珠三角的最佳时机。想要坚持原有的目标，只怕要另待时机。而由此导致的经济损失，令A悔不当初。

4 第四节 基层为什么会有内耗？

基层的地位和作用，第一章第四节已有所阐述，本节继续探讨基层出现内耗的原因。那么，基层为什么会有内耗呢？

基层人员数量多，结构复杂，工作琐碎，事务冗杂，群体特点更难把握，内耗呈现更加多样化的特点，这在高层和基层形成鲜明对比。

一个团队有没有强大的战斗力，能不能打硬仗、打胜仗，最终要落实到团队是否有向心力、凝聚力，没有这些，难免以十当一，甚至以百当一。

如果团队中内耗严重，就不可能形成强大的战斗力，那基层内耗的原因是什么呢？

1. 认知存在差异

认知是指人们获得知识或应用知识的过程，或者信息加工的过程，包括感觉、知觉、记忆、思维、想象和语言等。人和人之间最大的差异就在于认知。认知影响选择，选择决定结果。基层员工的世界观、人生观、价值观存在较大差异，政治理论水平、科学文化程度、实践经验积累高低有别，这就导致了基层员工在面对同一问题时，认识难以同步，意见难以统一。经中高层管理人员决策后，持不同认识或意见的基层员工容易产生不良情绪，甚至出现逆反心理。

2. 信息传递障碍

信息传递出现障碍，主要源于语言障碍、经验障碍、知识障碍、兴趣障碍，以及社会环境和人际环境对信息的有效传播形成的障碍等。而在具体的工作中，由于信息传递在时间、空间上存在不一致性，组织中每一个人接受信息时都会产生一定程度的障碍，同时对信息的理解可能出现偏差，“差之毫厘，谬以千里”，因此基层员工之间会产生各种误解和矛盾，尤其是当彼此存在竞争关系时，矛盾会进一步激化，甚至引发群体冲突。

3．意见难以上达

一个组织的决策机构决策之前要充分发扬民主精神，广泛听取基层意见，包括不同的意见甚至反对的意见，从中吸取合理部分。决策非民主化，表明基层意见没有得到重视，基层意愿被忽视，合理意见遭到抛弃。尤其是分歧较大的意见，如果未能取得思想统一便强行决策，而基层又没有向上反映意见的通道，就很容易激起基层反对声音，激发矛盾。

4．缺乏制约机制

在基层管理中，缺乏制约机制表现为规章制度不健全、不完善，对基层员工失去约束力，基层员工养成我行我素的工作作风，对日常管理和正常工作造成严重的消极影响。由于没有有效的制约机制，组织难以对基层实现有效监督，容易积累和激化各类问题。

5．业务培训不足

业务培训是指组织为员工从事专项工作而提供所需知识和技能的培训，培训内容、培训时间和培训方式视工作需要而定。培训的目的是保证员工能够胜任专项工作，培训内容通常包括组织概况、员工守则、财务制度、实地参观、上岗培训等。若业务培训不足，意味着基层员工对组织缺乏基本了解，难以迅速融入组织；专业知识和工作技能无法满足组织需要，难以在第一时间投入工作，意味着巨大的人力资源浪费，不利于基层员工成长。

6. 工作过度量化

工作量化是指具体明确工作目标或任务，做到度量清晰，以之作为绩效考核的数据依据，使考核公平、公正、公开。工作量化固然能够提高效率，但是过度量化会带来诸多风险：①使基层员工过度关注工作量化指标，忽视工作本身，工作氛围容易陷入浮躁状态；②容易给基层员工造成巨大的心理压力，对部分承压能力不强的员工只会起到适得其反的效果；③部分工作本身难以量化，强行量化或者过度量化，反而容易陷入形式主义的窠臼。

7. 过度关注过程

关注基层员工工作过程，有助于中层和高层管理者分析工作目标的实现情况，以便及时调整工作安排，提高工作效率。但是过度关注，甚至强行加以干预，效果未必尽如人意。①容易分散中层和高层的精力，有悖于中高层决策者关于目标制定的本位职能，影响中层和高层本职工作的开展；②导致基层员工注意力分散，阻碍关于实现目标的个性化方案的形成，影响工作效率；③容易滋生官僚主义和形式主义，贻误工作，败坏风气；④体现了中高层决策者对基层执行者的不信任，容易疏离中高层与基层员工的关系。

8. 过度依赖问责

问责制是指问责主体对其管辖范围内各级组织和成员承担职责和义务的履行情况，实施并要求其承担否定性后果的一种责任追究制度。问责制有利于明晰权责，合理地配置和划分管理权力，督促管理人员树立高度的责任意识和危机意识，但是动辄问责，效果将会大打折扣。①容易滋生形式主义，不利于推进工作；②容易出现“泛化问责”倾向，无益于解决问题；③被问责人员易生心结，增加不必要的矛盾；④容易掩盖规章制度不完善、工作人员能力有短板等客观问题。

5 第五节 上下级为什么会有内耗？

上下级关系是组织中最基本的关系之一。组织中保持友好、和谐的上下级关系极为重要。对于上级而言，良好的上下级关系是组织决策和管理目标贯彻执行的保证；对于下级而言，与上级保持良好的关系有助于获得更好的发展和更长足的进步。可以说，良好的上下级关系对于个人发展、团队成绩、组织稳定都具有十分重要的意义。

然而，任何一个组织，只要存在上下级关系，由于地位、等级、职务、权力等方面的差别，矛盾也会随着工作的开展而逐渐显露出来。随着矛盾的出现，内耗便如影随形。因此，对于一个组织来说，理性的做法不是回避矛盾，而是积极面对矛盾、妥善解决矛盾，才能降低内耗、消除内耗。如果一味回避矛盾，只会导致内耗愈演愈烈，最终将整个组织引向深渊。

那么，上下级之间为什么会有内耗呢？

1. 异样原因，同样内耗

上下级之间出现内耗，原因多种多样，无论何种原因，都是上下级关系不佳引起的，都会对组织产生消极影响，对个人、团队的发展也非常不利。常见原因有以下四个。

（1）上级飞扬跋扈，下级组织认同感不足。组织认同感是指员工对其所在组织的认同程度，包括对组织目标和价值观的信任和接受，愿意为组织的利益努力，渴望保持组织成员资格三个部分。上级飞扬跋扈，必然对下级缺乏基本尊重，而尊重是相互的，上级自然也无法得到下级的尊重。有些上级工作作风简单粗暴，从不顾及下级的心理感受，致使下级消极对抗情绪严重。有些上级爱冷嘲热讽，常冷言冷语，致使下级失望情绪蔓延。面对工作失误，一些上级一味归咎于下级，下级容易产生强烈的抵触心理。工作成效不佳，部分上级从不反求诸己，只知推卸责任，导致下级对其极其反感。有时工作中出现问题，上级不是竭尽所能予以解决，反而扯皮、推诿，甚至掣肘、抹黑，导致上下级关系持续恶化。还有些上级动辄指责下级缺乏忠诚，吃里爬外，却从不反躬自省是否尽职尽责，是否关闭了让下级保持忠诚的大门……如此种种，想要下级始终不渝地保持忠诚、热情、高效谈何容易！想要维持和谐、稳定、团结的上下级关系难如登天！想要下级拥有强烈、持续、不变的组织认同感几乎无从谈起！

（2）下级阳奉阴违，搞“软对抗”。在组织中，常见下级以“软对抗”应对上级，表现为表面听话、暗中反对，说得多、做得少，上级即便想要整治，往往也无从下手，甚至束手无策。当政策设计不当，譬如制度、计划、目标等不合理，职责不明晰，奖罚不分明，分配不公平时，下级往往无法遵照执行，难以真心接受，不得不违心应对，便会阳奉阴违、心口不一。当上级沟通不力，不能根据下级的道德水平、工作能力、理解能力、接受能力等给予下级正确的解读、示范、指导、方法时，下级便容易产生强烈的抵触心理，表面相安无事，实则“心潮汹涌”。部分下级深于城府、工于心计，又或唯利是图、自私自利，往往表现为八面玲珑、笑口常开，实则暗怀鬼胎。还有一些下级自以为是，自我感觉良好，总觉高人一等，对上级不以为然、心怀嫉妒，甚至发起挑战，试图取而代之，往往也会阳奉阴违，以待时机。另有一些下级小肚鸡肠、睚眦必报，工作中与上级产生摩擦，因而怀恨在心，伺机报复……阳奉阴违者往往善于伪装，一旦发现就已经给团队、组织造成了危害，矛盾已经爆发，内耗业已产生。

（3）上级与下级离心离德，形成圈子文化，彼此貌合神离。上级与下级之间，最为可怕的是离心离德。离心离德不仅使上级失去对下级的掌控，也会使下级失去对上级的信任，既不利于个人的成长，又为团队建设埋下隐患，更对组织发展不利。当上级反复无常、疑神疑鬼时，下级再优秀，对他而言也是一种威胁，嫉妒、恐慌、怀疑便纷至沓来，即便下级平庸，在他看来也是一种伪装，抱持一种“疑邻盗斧”的心态视之。上级如此看待下级，下级即便本来忠心耿耿，此时也难免惴惴不安，必然与上级产生离心力，渐行渐远不可避免。根据“领导—成员”交换理论（亦称 LMX 理论），上级根据下级的贡献、个人的喜好等，将下级区别对待，在高质量的“领导—成员”交换关系下，上级会将下级视为“圈内成员”，低质量的“领导—成员”交换关系下，下级会被视作“圈外成员”。作为“圈内成员”的下级，往往与上级有更多的情感联系，同在一条船，可谓荣辱与共；作为“圈外成员”的下级，则与上级仅仅存在工作关系，往往不受信赖、不被倚重、缺少信任。不言而喻，没有依赖、倚重、信任作为基础，下级与上级貌合神离便是一种常态。

（4）组织文化不正，赏罚不明。良好的组织文化对于组织以及组织中的各级成员能起到很好的导向作用、凝聚作用、规范作用、激励作用，并产生积极的社会影响。对于组织成员来说，组织文化主要用来规范其价值观与行为方式；就组织文化而言，和谐稳定的上下级关系是维系其相对稳定的基本条件。从这个角度来看，若上级与下级不和谐，便直接破坏了组织存在与发展的基础。组织文化败坏，表现为风气不正、歪风盛行，不以工作业绩为导向，组织业绩难有起色，渐渐失去竞争力。由此可见组织文化败坏的破坏力。赏罚不明的破坏力也“不遑多让”。《战国策》云：“赏罚不明，未免令功臣寒心。”在组织之中，赏罚不明也会令组织成员寒心，该奖赏的不奖赏，该惩罚的不惩罚，是上级常犯的一种错误，会严重打击下级的工作积极性。赏罚不明意味着“干与不干一个样”“干好干坏一个样”，试问下级谁愿意一心一意扑在工作上？谁还想着在工作中追求卓越？谁还会把团队利益和组织利益放在第一位？最终结果只会使下级养成得过且过的心态，或者导致人才流失，甚至因此与上级爆发冲突，最终危及组织的竞争力，影响组织的生存和发展。

2．中外对比，如出一辙

在中外历史上不乏上级与下级不和而导致组织受损的故事，虽然历史细节千差万别，结果却如出一辙。上下级之间产生的内耗之危害，由此可见一斑。

王忠嗣为唐朝名将，出身于唐时著名大族太原王氏。其父远征吐蕃战死殉国时，他年仅9岁，唐玄宗顾念其父之功，将其收为“假子”，相当于养子或义子，并让他与当时尚为忠王、后来成为太子的李亨交往。由于这一关系，王忠嗣自小便得到许多在军中历练的机会，这为他后来纵横沙场、成为一代名将奠定了良好的基础。

成年后，王忠嗣寡言少语、不善言谈，但是勇猛刚毅、富于谋虑，每与唐玄宗谈论兵法，总能对答如流，因此深得唐玄宗以及李亨的器重。开元十八年（公元730年），王忠嗣第一次随军出征吐蕃便初露锋芒。当时年仅24岁的他在玉川战役中率300精骑星夜出击，突袭吐蕃军队，斩敌数千，致使吐蕃赞普仓皇逃走，这也是唐朝历史上与吐蕃的战斗中难得的以突袭获胜的战例。此后十余年间，王忠嗣先后降服契丹三十六部，大败吐蕃，立下赫赫战功，威震边疆，成为大唐的“柱石”。全盛时期，王忠嗣一人身兼朔方、陇右、河东、河西四镇节度使，掌握大唐整个西部兵力。后来有“大唐中兴第一将”美誉的李光弼，便出自他的麾下。

功勋日盛，王忠嗣受到宰相李林甫的嫉恨；功高盖主，唐玄宗心理上开始发生微妙的变化。当时，忠王李亨已经变成太子李亨，两人自小一起长大，素来交好，王忠嗣也毫不意外地成为太子最为倚重的股肱之臣。这一切，唐玄宗都看在眼里，他希望在有生之年继续牢牢掌控皇权，自然不希望任何人对他发起挑战，哪怕只是具有这个潜力。为此，唐玄宗有意培植其他势力，以平衡太子及王忠嗣一派，安禄山借此崛起。王忠嗣曾经预言，安禄山生有反心，他日必会作乱，可惜无人相信。在唐玄宗的授意下，李林甫以“欲奉太子”为名诬陷王忠嗣，王忠嗣因此几乎死于狱中，后被贬外地。天宝八年（公元749年），王忠嗣郁郁而终，年仅四十五岁。6年后，“安史之乱”爆发，唐朝由盛转衰。

在欧洲历史上，也曾发生过类似的故事。

公元6世纪，东罗马帝国曾经出现一位军事家，他才能出众、智勇双全，对东罗马帝国的战争艺术做出了重大贡献，时人称之为一个道德高尚的政治人物，是一个亲切友好的罗马公民。然而，这样一位身前身后备受赞誉的人物，同样遭到他的上级、东罗马帝国皇帝——查士丁尼一世的猜忌和打压，甚至一度入狱。

他便是贝利萨留。

贝利萨留早年曾是查士丁尼一世的侍卫，两人关系密切，后升任禁卫军长官。在镇压尼卡起义的战斗中，贝利萨留还曾救过查士丁尼一世的性命。查士丁尼一世和贝利萨留所处的时代，罗马帝国早已不复当年的强盛，帝国西部已经崩溃，东部半壁江山也不断遭到北方蛮族与东方波斯人的入侵。查士丁尼一世心系罗马帝国全盛时期的荣耀，一直谋划一统大计，不断发动对外战争。从公元533年开始，贝利萨留率军南征北战，先灭汪达尔王国并俘其国王，后出征东哥特王国并北上占领罗马，为东罗马帝国立下赫赫战功。贝利萨留在军事上注意改进军队的战术和装备，在作战中以善于使用骑兵而著称，他建立的新型骑兵后来一直是捍卫东罗马帝国的骨干力量。

查士丁尼一世是古代世界上最具影响力的帝王之一，面对功高盖主的贝利萨留，他同样无法摆脱人性的弱点。公元541—544年，贝利萨留率军对波斯作战，军中的雇佣军纪律松弛，查士丁尼一世以此作为借口，斥责贝利萨留不忠并剥夺其军权，贝利萨留几乎因此身败名裂。公元544年，贝利萨留第二次征战东哥特时，查士丁尼一世因对其心存疑惧而有意不予增援，致使贝利萨留出兵不利。公元562年，查士丁尼一世指控贝利萨留参与谋反，并将其逮捕入狱。一年后，贝利萨留被释放，公元565年去世。同年，查士丁尼一世也走到了人生的尽头。值得一提的是，跟随贝利萨留和查士丁尼一世于同一年去世的还有一个叫普罗柯比的历史学家，他与贝利萨留是数年南征北战的挚友，在当时东罗马帝国学术界拥有不可动摇的地位，他曾公开训斥查士丁尼一世迫害贝利萨留。查士丁尼一世对此并无任何回应，也从未因此打击报复普罗柯比。有人说，大概是因为普罗柯比所言属实，查士丁尼一世无力反驳吧。

距离贝利萨留、查士丁尼一世以及普罗柯比去世这一年不久，东罗马帝国在西方的领土相继丧失。

6 第六节 机关单位为什么会有内耗？

在我国，机关单位包括中央和地方各级组织，作为行政单位，使用行政编制。部分地方机关单位存在或明或暗、或大或小的内耗。领导与领导之间、同事与同事之间、部门与部门之间，无论何种形式、何种类型的内耗，都会影响机关个人的成长、阻碍机关单位的正常运行、恶化机关组织的和谐氛围，不利于团队精神的培养和集体主义的弘扬。

1. 花样繁多，目不暇接

机关内耗表现形式多样，根据不同的标准，可划分为不同的类型。本书结合当前部分地方机关单位的实际，归纳为以下几种。

（1）相互排斥。作为一种组织形式，机关单位同样拥有自己的组织定位，设置一定的职能岗位，完善所需的人员配置，以保证日常工作的顺利开展。但在实际工作中，领导与领导之间、员工与员工之间，面对同一个目标、针对同一个问题，意见与看法可能截然不同，因此采取的方案和办法也可能迥然有别。如果不能采用民主决策的方式加以协调，尤其是当有个人恩怨掺杂其中时，领导与领导之间、同事与同事之间就会相互排斥，致使目标形同虚设、问题久拖不决。

（2）互相拆台。在机关单位中，某级领导通常是其管辖范围内各项事务的最主要决策者和最有力推动者。如果领导之间没有就某个组织目标达成一致意见，彼此之间无法相互认同、相互支持，那么在组织目标实施的过程中，彼此将难以形成合力，距离理想状态“精诚团结、齐心协力”也将渐行渐远。如果其中夹带私货、夹杂私利，相互拆台便不可避免。反映到某一个具体事务上，基层员工之间也会出现类似的问题，致使组织资源严重浪费，组织力量形如散沙，给机关单位造成严重损失。

（3）彼此推诿。在机关单位中，若领导与领导之间明争暗斗、员工与员工之间钩心斗角，必然导致彼此之间的信任难以为继。一旦缺乏信任，互不配合、相互较劲就会成为一种常态，体现在具体工作中，就会出现好事争得头破血流、坏事唯恐避之不及的情况。一旦出现责任事故、失职行为，或者公共安全事件、群体性治安事件，彼此就会极力推卸责任。当有损自身利益、危及自身权益时，踢皮球、扯皮等现象便屡见不鲜。遇事推诿，必然导致公职人员办事效率低下，机关单位公信力下降。

（4）争权夺利。若机关单位陷入争权夺利的状态，可能导致内耗加剧，甚至演变升级成内斗，进而损害公共利益。

（5）贬损诋毁。机关单位一旦产生内耗，各方必然相互贬损诋毁，刻意抹黑，甚至蓄意陷害。常见的方式是散布小道消息、匿名举报，甚至越级上报，试图给对手造成困惑、形成制约，分散其注意力，弱化其影响力，削弱其权力。这种内耗具有隐秘性和模糊性的特点，若长期存在于机关单位，必然恶化组织生态，衍生出人人猜疑的组织文化，即便有些领导和员工不愿参与其中，也难免受到裹挟而身不由己，影响极其恶劣。

2. 追根溯源，错综复杂

机关单位内耗产生的原因可谓错综复杂，其中既有个体的原因，又有团队的原因，既有管理的原因，又有运行的原因，以及文化的原因。下面主要就这五个方面，简单谈谈机关单位出现内耗的原因。

（1）个体原因。机关单位与所有组织一样，也是由人构成的。人，是构成机关单位的基本要素。机关单位的个体又包括各级领导和普通员工，不论是领导还是员工，道德修养有高有低，学历学识高低有别，职业素养千差万别，工作能力大相径庭，导致个体的亲疏关系有别，公私定位不同。这些个体上的差异致使领导与领导之间、个人与个人之间、上级与下级之间难以统一思想、协调行动，如果缺少有效沟通，彼此缺乏理解，就会产生诸多问题，进而引发内耗。

（2）团队原因。从群体心理学的角度来分析，因团队内部或团队之间不协调或存在矛盾造成人力、物力等无谓消耗而产生的负效应现象，称为内耗效应。在机关单位里，根据组织目标和日常工作的需要，也会形成各种各样的团队。团队也是由个体的人组成的，对于一个团队来说，如果不能处理好员工与团队的关系，致使关系持续紧张甚至引发冲突，将大大降低团队的工作效率，削弱团队的竞争力。同样，不同团队之间如果不能建立良好的关系，也会出现上述问题。

（3）管理原因。为了保证机关单位的正常运营，建立和完善相关管理制度至关重要。然而任何一种制度都无法尽善尽美，随着时间的推移，原有管理制度有时也会成为一种阻碍，对机关单位产生负面影响。例如，组织麻痹病（又称官场病），从管理学的角度来说，我们应该称之为帕金森定律。帕金森定律提出一个设想：一个不称职的领导，有三条出路可供选择，一是申请离职，让能者居之；二是选一位能干的人协助自己；三是任用比自己更无能的人。帕金森定律给出的答案是：这位不称职的领导会选择第三条出路。结果上行下效，更无能的人也会做出同样的选择。以此类推，这些机关单位会变成一个机构臃肿、人浮于事、相互扯皮、效率低下的组织。

（4）运行原因。机关单位自有其运行体制，体现了针对组织成员及相关部门的行动框架、制度约束和激励办法等。按照体制运行规定，一个部门的“一把手”通常就是该部门的负责人，然而在现实中，由于各种原因，某些部门领导可能出现德不配位、能不配位的情况，但是，机关中撤换不合格领导又是程序比较复杂的问题，不容易实现，如此必然引起其他领导和普通员工的不满，出现不合作、不配合等现象，进而引发矛盾、斗争和冲突，内耗也由此产生。

(5)文化原因。机关单位在运行过程中形成的，由机关成员共同遵守的基本信念、价值标准、行为规范、管理制度以及群体意识、精神风貌、形象标识等，称为机关文化。总体而言，机关文化应该是积极向上、充满正能量的，然而并不是所有的机关文化都是如此，比如螃蟹文化。螃蟹文化又称螃蟹效应，说的是当竹篓里只有一只螃蟹时，如果不盖盖子，这只螃蟹很快就会爬出来；但当篓子中有一群螃蟹时，即便没有盖子也没有螃蟹能够爬出来，因为只要有一只往上爬，其他螃蟹便纷纷攀附其身，将其拉下来。螃蟹文化反映到机关单位中，表现出来的便是：组织中如果有人想要取得突出成绩、创造更多效益，便会引来其他人的嘲讽、掣肘甚至打压，结果大家如相互牵制的螃蟹，谁也无法逃出竹篓——无法取得突出成绩，无法创造更多效益。只有消除螃蟹文化引发的负面影响，才能消除这一内耗。

3. 内耗危害，隐秘持久

机关单位里存在的内耗，因为上述表现及特点，因此显得更加隐蔽，对机关单位的影响也更为持久。其危害主要表现在以下几点。

(1)制度程序遭到破坏。制度程序是指机关单位业务活动涉及的管理规定及相关流程。机关单位作为行政单位，其设置和运行都要遵循一定的制度程序，这也是机关单位正常运行的制度保障。但是，机关单位一旦陷入内耗，制度程序就可能被束之高阁。例如民主集中制，它是民主基础上的集中和集中指导下的民主相结合的制度，对于统一思想和行动、激发组织活力、有效防止和克服分散主义具有重要意义。

机关单位被内耗撕裂，便意味着“集中指导下的民主”将不复存在，“民主基础上的集中”也将大打折扣，会对机关单位造成严重危害。

（2）价值取向出现变异。价值取向又称价值目标，是指人们对特定事物所采取的价值观。任何一个组织都有一定的价值取向，这是组织得以存在和发展的价值基础，也是其奋斗和所要实现的目标所在。机关单位的价值取向包括忠于国家、服务人民、恪尽职守、公正廉洁等。如果机关单位内耗严重，只顾拉帮结派、排除异己、损公肥私、利字当头，必将置“忠于国家”“服务人民”于脑后，把“恪尽职守”“公正廉洁”视若无物，致使机关单位的价值取向遭到扭曲、出现变异。

（3）运行逻辑出现错误。组织有自己的运行逻辑，它是组织正常运行和持续发展的基本保证。机关单位也是如此，严格遵循制度程序，秉持正确的价值取向，其运行逻辑就会保持清晰。可是，如果机关内耗严重，领导“割据一方”，员工“依附于人”，机关单位就会被割裂为若干“圈子”。正如前文谈到的“领导—成员”交换理论所描述的，“圈内成员”和“圈外成员”将会形成两套截然不同的运行逻辑，使整个机关单位处于无序状态，工作上相背而行，目标上南辕北辙，导致资源和能力遭到严重浪费。

（4）文化生态遭遇危机。文化自然发展形成文化生态。机关单位在运行中也会形成自己的文化生态，是机关单位运行制度化和规范化的反映。正向的文化生态能够凝聚价值共识，形成向心力，有利于团结，对于发挥机关单位的能量具有重要意义。然而，若机关单位陷入内耗的旋涡，正向激励严重不足，圈子文化泛滥，甚至导致告密文化盛行，必然分化机关单位凝聚力，员工之间出现严重割裂，各个派系之间离心离德、钩心斗角，歪风邪气必然压过浩然正气，致使机关单位原本正向的文化生态遭遇严重危机。

总之，机关单位内耗堪称顽疾，且隐藏极深，影响极远。领导要做到风清气正，自觉接受监督；基层努力工作，抵制内耗，才能在机关形成“正能量场”，不断让机关单位蒸蒸日上。

附录工具 2：自我觉察五步法

1. 我遇到了什么问题？或我想解决什么问题？
2. 我是怎么想到这个问题的？或我为什么想要解决这个问题？
3. 我真正关心的问题是什么？或我真正想要解决的问题是什么？
4.（保持静默）
5. 所以，我真正想要解决的问题是……

3 第三章

降低内耗，从优化团队着手

当前，不少团队以降低内耗为名大肆裁员，不思考内耗产生的深层次原因，“头疼医头，脚疼医脚”不过是治标不治本。内耗产生于团队，降低内耗必然要从优化团队入手，而非简单地裁人了事。优化团队，不仅涉及基层、中层和高层，还关乎相关部门，要排除各种障碍，方能取得理想的效果。降低内耗，刻不容缓；但找到方法，方是重中之重。

3

1 第一节 基层讲信任

信任的概念较为复杂，它涉及社会学、心理学、营销学、经济学、管理学等不同领域，领域不同，其定义也有所差别。

在管理学中，信任通常是指信任方放弃对被信任方监督和控制的能力，愿意暴露弱点处于具备风险的环境中，相信对方不会损害自己利益的信念。抛开咬文嚼字的定义描述，可以简单地将信任理解为：相信对方是诚实可靠的、值得信赖的、正直无私的。

中国传统建筑一般为三段式划分，它们自上而下依次为屋顶、屋身和台基。如果把团队高层比喻为屋顶，将团队中层比喻为屋身，那么团队基层就是台基。对于建筑来说，台基的基本作用就是为屋顶和屋身提供坚实的土基，稳固屋基。从这个角度来看待基层对于团队及中层和高层的作用，重要性显而易见。

那么对于基层来说，什么最重要？答案是：信任！

信任是一种黏合剂，所有人际关系都立足于信任，它是人与人之间和睦相处的前提；所有商业关系都以信任为基础，商业信誉也都由信任累积而成。爱因斯坦曾说：“人类一切和平合作的基础首先是相互信任。”可见，信任还是国与国之间和平共处的基础，相互信任是国与国理想的相处之道。对于团队来说，信任是团队成员之间的黏合剂，是团队合作的基础，团队出现其他问题，信任一定存在问题，解决了信任的问题，才有可能解决团队中存在的其他问题。信任，使基层员工形成包容、互助的人际氛围，有利于激发基层员工的工作热情，打造积极向上的团队精神；信任，使基层合作和谐度高，有利于提升基层合作水平，推动各项工作顺利推进；信任，使每个基层员工都能感到受尊重、受重视，体会到自己的价值所在，获得较高的精神满足……

那么，基层员工如何建立信任呢？又该如何赢得基层员工的信任呢？

1. 基层之间，重在礼尚往来

（1）尊重，必须是对等的。尊重是指平等对待的心态及言行。每个人都发自内心地渴望被别人尊重，希望得到的尊重是对方发自内心的。尊重是无价的，无法用物质衡量。尊重是人际交往的基础，职场上彼此尊重才是共存之道。作为基层员工，尊重别人就是尊重自己，尊重是沟通彼此心灵的桥梁。我尊重你，你也尊重我；你付我于真心，我待你以实意——这便是对等的尊重。对等尊重，要求基层员工必须学会礼貌待人，善于欣赏和接纳对方，客观对待彼此的缺点及错误，尊重别人的隐私，学会赞美别人等，这样的团队必定凝聚力、向心力强，必然充满活力、温馨，势必团结、奋进，是一个拥有希望和未来的团队。

（2）理解，必须是彼此的。在生活中，人与人之间彼此为对方着想，称为理解。发生于春秋战国时期的“管鲍之交”，现在常被用来形容朋友之间交情深厚、彼此信任的关系，而这种关系便来源于管仲与鲍叔牙彼此的理解。美国汽车大王亨利·福特曾说：“如果说成功有秘诀，那就是理解他人，培养站在他人立场上来观察和解剖自己的能力。”理解的重要性由此可见一斑。现代职场上，理解的缺失导致人与人之间的疏离与隔阂日甚一日。基层员工之间如果彼此缺乏理解，就容易产生矛盾，不利于团队的团结、稳定。只有设身处地地为对象着想，注意正确解读反馈信息，学会和对方站在同一立场上看问题等，才能真正做到彼此理解。

（3）支持，必须是互相的。支持有支援、赞同、鼓励之意，互相支持意味着双方都能给予对方支援、赞同、鼓励，而不是单方面的付出。单方面的付出不合情理，也难以持久。基层员工之间互相支持同样如此。互相支援，才能众人拾柴火焰高；互相赞同，才能高度统一思想；互相鼓励，才能携手并进、共赴困难。互相支持，是团结的基石，是沟通思想、加深了解、增进感情的前提，是基层员工健康成长的重要条件。同时，互相支持也是加强团队建设、培养团队精神的基础。团队之中，员工互相支持表明员工已经融入团队，成为团队不可分割的一分子。我为人人，人人为我，这个团队便成为一个共同体，集中体现团队意识，形成团队精神。

（4）沟通，必须是双向的。松下幸之助说：“企业管理过去是沟通，现在是沟通，未来还是沟通。”卡耐基说：“无论何时，管理者应将沟通视为最重要的工作，职位越高，沟通工作越重要。”可见，沟通无止境，团队成功源于沟通。基层员工沟通，首要目的是达成共识，而实现这一目的的前提是一起面对问题、共同参与探讨。这种双向沟通有助于统一思想，从而解决共同面对的问题。优秀的员工一定是善于沟通的，优秀的团队一定也是善于沟通的。从宏大的团队目标到具体的工作细节，从广博的人脉关系到细微的管理细节等，都在沟通之列。通过双向沟通，打造团结的团队，实现管理创新，塑造团队精神，是每位基层员工和团队管理者的重要使命。

2. 基层之外，重在自我修炼

群众的眼睛是雪亮的，作为团队中人数最多的基层员工，眼睛同样也是雪亮的。基层员工之间讲信任，才能打成一片，而团队管理者想要与基层员工打成一片，与其建立充分的信任关系，并非易事。

团队管理者如何才能赢得基层员工的信任呢？

（1）光明磊落。“光明磊落”通常用来形容一个人胸怀坦荡、光明正大。管理者面对基层员工，也须保持光明磊落，向基层员工展示自己的胸怀和正能量的一面。

① 善良、智慧、利他。善良的人有人缘，智慧的人得赞美，利他的人受尊重，基层员工都喜爱这类管理者的，必然欣然接受。

② 品德高尚、知识渊博、尽职尽责。品德高尚者得人心，知识渊博者有涵养，尽职尽责者被欣赏，基层员工向来对这类管理者心向往之，自然愿意靠近。

③ 保持距离、示以友好。适当的距离产生美，友好是一种美德，基层员工渴望工作中的“距离美”，对美德充满期盼，谁会拒绝这样的管理者?

（2）一诺千金。“一诺千金”指的是许下的承诺有千金的价值，常用来形容一个人很讲信用，说话算数。一诺千金之人，就是信用的代名词，代表着高尚的情操和优异的品质。管理者一诺千金，就拥有了与基层员工打成一片的“钥匙”。

① 从不轻易许诺。不轻易许诺并不意味着不许诺，而是许诺之前先明确自己的能力和能量，力所能及的全力以赴，力有不逮的再接再厉，让基层员工在看到管理者优点的同时也了解他的缺点，这并不可耻，反而更易赢得尊敬。

② 换位思考、将心比心。管理者善于站在基层员工的角度思考问题，想其所想，急其所急，以我心换他心，才能真正理解基层员工对于信任的看法，才能更具针对性地为其提供力所能及的帮助。

（3）坚持原则。坚持原则，表明一个人在内心深处有一条底线，不管什么时候、遇到什么事情，都保持这一底线，即坚守自己的本心。管理者想做好工作、干好事业，免不了要得罪人，特别是综合素质良莠不齐的基层员工，此时坚持原则就显得尤为重要。

① 遵循规则，不拒人情。不以规矩，不能成方圆，企业各项规章制度就是规矩所在，在此基础上适度结合人情，正确处理规则与人情的关系。

② 以身作则，“打铁还需自身硬”。正人须先正己，以模范带头作用体现团队的原则，能够带动更多人坚持原则。

③ 讲究工作方法。方法得当，往往能收到事半功倍的效果，即便部分基层员工初时难以接受，最终也会被事实折服，即便有些基层员工最初不理解，最终也能获得广大员工的认可。

（4）接受批评。勇于接受批评是一种能力。管理者勇于接受基层员工批评，体现了他的胸襟和气魄，表明了他的信心和力量。当然，对于多数管理者来说，接受基层员工——下级的批评，并非一件易事。

① 敢于承认错误和缺点，这是勇于接受批评的第一步。做到反躬自省，等于向基层员工敞开胸怀，打开了接纳彼此的大门。

② 敢于改正错误和缺点，这是勇于接受批评的第二步。做到“有则改之，无则加勉”，等于向基层员工表明自己的态度，也有了彼此连接的桥梁。

③ 敢于面对各方质疑和批评，这是勇于接受批评的第三步。做到防患于未然，等于意识到自身可能存在的问题，真正把基层员工的评价作为自己前进的路标。

3. 管鲍之交，基层信任的典范

春秋时期，齐国有一对自小一起长大的好友，一个叫管仲，一个叫鲍叔牙。鲍叔牙非常欣赏管仲的才学，对其极为信任。两人曾经一起经商，每次分利时，管仲总是多拿一些，他知道鲍叔牙并不介意，而鲍叔牙明白管仲之所以多拿，是因为他家境不好。管仲曾经三次为官，每次都遭罢免；三次入伍参战，每次都当了逃兵。鲍叔牙坚信，管仲并非无能之辈，更非贪生怕死之徒。

后来两人分开为官，管仲做了公子纠的老师，鲍叔牙做了公子小白的老师。公子纠和公子小白都是齐襄公的弟弟，齐襄公因为荒淫无道引发内乱而被杀，公子纠和公子小白得知消息后，火速返回齐国，先至者才有机会继承王位。管仲在公子小白必经之路拦截，意图射杀公子小白，后者装死方才逃过一劫。公子纠以为管仲计谋得逞，遂放慢回国的步伐，到达齐国后方知公子小白已经提前归国并继承王位，即是齐桓公。齐桓公牢记一箭之恨，在讨伐并杀死公子纠之后，又抓住管仲，打算杀之而报当日截杀之仇。

齐桓公本想以鲍叔牙为相，鲍叔牙不仅坚辞不就，反而竭力推荐管仲，并说："若必治国家者，则其管夷吾乎？"鲍叔牙还列举自己不如管仲的五个方面。在鲍叔牙的坚持和苦劝之下，齐桓公最终拜管仲为相。管仲感慨万千道："生我者父母，知我者鲍子也。"他知恩图报，助齐桓公成为春秋五霸之首，此举不仅证明了鲍叔牙对管仲自始至终的信任，也说明了齐桓公用贤不避敌的大度。"管鲍之交"自此成为千古美谈。

2 第二节 中层讲协作

协作是指在目标实施过程中，部门与部门之间、个人与个人之间的协调与配合，通常涉及资源、技术、配合、信息等方面。对于团队来说，协调就是为了一个共同的目标，充分利用组织资源，依靠团队力量，共同达成这一目标。从中层的角度出发，如何通过协作优化团队？

在管理界，人们根据中层承上启下、上传下达和带领团队、创造业绩的角色定位，常称中层为团队之栋梁。

1. 目标明确，方可有的放矢

中层之间开展协作，主要涉及以下四个方面。

（1）资源协作。任何团队目标的实现，都离不开资源的支持。对于中层来说，所需资源主要包括人力、财力、物力等。中层在带领团队的过程中，难免会遇到资源不足的问题，此时协作就显得尤为重要。当人力不足时，需从其他团队借调精兵强将；当财力不足时，需申请更多资金支持；当物力不足时，需借用所需设备、器材等，都是资源协作的常见做法。由中层发起的资源协作，其实体现的更多是一个团队的大局观，团队之中，中层互通有无、互帮互助，对于团队整体目标的实现具有重要意义。

（2）技术协作。技术协作是指技术部门为其他部门提供实现目标所需的技术资料、技术知识、工艺方法等，以及部门与部门之间、个人与个人之间进行的技术交流等。技术协作是技术竞争的结果，技术协作的发展同时又会促进竞争。因此，技术协作不仅可以提高生产力，还能创造新的生产力。从这个角度来看，中层开展协作，对于提升团队竞争力具有重要作用。当然，作为中层管理者，在推动技术协作的过程中，必须要注意技术要素集合、技术过程结合、比例匹配、规模优化等，如此才能收获最佳效果，最大限度地提升团队竞争力。

（3）信息协作。信息协作是指在团队目标实现的过程中，部门与部门之间、个人与个人之间进行的信息交流、情报传递等。对于团队来说，只有及时掌握信息，才能制定正确决策，从而对目标有效地实施控制。作为实现目标的重要保证，信息协作也是中层协作的重要组成部分。对于中层来说，应充分发挥自身岗位优势，积极利用信息收集技术，加强重要信息的收集、分析、加工和利用，全力推动纵向业务指导和横向沟通交流，发挥信息对于决策的辅助作用，并将信息协作作为日常工作不可或缺的组成部分，体现信息协作在团队合作中的积极作用，从而推动团队目标的实现。

（4）配合协作。配合协作是指某个部门或个人在推进工作进程的过程中，须与其他部门或个人配合，以推动既定目标的达成。中层必须认识到，越是重要的工作越离不开配合协作，越重大的目标越需要配合协作。在配合协作的过程中，中层要牢牢掌握主动权，例如做好任务清单，让过程有据可查；融入集体，培养感情，在需要其他部门或者个人配合时才能得到积极回应；当面沟通，清楚表达自己所需，同时让对方明确其所要提供的配合；及时汇报，便于上级了解工作进展、统筹规划团队目标；做好记录，记录工作进程和心路历程，便于事后查对，同时也有利于自己总结提高。

2. 方法得当，才能秉轴持钧

中层推进协作，不能背离正确方法。方法得当，才能实现高效协作，才能互相取长补短，以更少的资源完成更多的任务，以最小的成本实现更大的目标。那么，中层应该以哪些方法推进协作呢？

（1）充分利用制度。没有规矩，不成方圆，每个组织都有自己的规章制度，越是优秀的组织，制度越是完善。作为管理工具，制度具有非常重要的作用。中层应该认识到，制度是组织有序运行的体系框架，是组织高效运转的力量源泉，是维持组织生命力的重要保证，不仅可以保护员工的合法权益，还可以维护组织的正当利益。因此，中层在推进协作时，必须重视制度建设，充分发挥制度的作用，为协作扫除障碍、提供保障，为参与协作的团队或个人谋福利。

（2）增强情感联系。人是构成组织的基本单元，而人是情感动物，无论责任多么重大，任务多么繁重，工作多么繁忙，人的情感一直贯穿其中，只是更多时候不易为人察觉而已。中层推动协作，必须重视情感联系，通过尊重、信任、沟通、赞美、关心等多种方式，与组织成员打成一片，工作中是同事，工作外是朋友。只有如此，才能最大限度地激发积极性和创造性，为协作顺利进行营造彼此信任、相互关心、团结融洽、环境舒适的氛围，为协作快速推进提供情感保障。

（3）减少中间环节。管理本身是需要成本的，管理越复杂，组织为之投入的资源就越多，成本就越高，效率也就越低。这与管理的目的在于降低成本和提高效率的初衷南辕北辙。因此，若管理不够简化，必会导致团队人浮于事、效率低下，员工疲于应对、无所适从。从这个角度来说，中层推动协作要减少不必要的中间环节，回归简明、合理、高效，让各项工作回归管理的初衷。具体而言，中层应该简化流程，重在实效，围绕协作开展工作，一切以有利于协作的深入和推进为“锚”，为实现预定目标而努力。

（4）敢于下放权力。对于管理者来说，下放权力并非做“甩手掌柜”，而是在“权责一致、形成合力”“依法合规、应放尽放”“注重实效、能放即放”等原则的基础上，将更多权力下放员工，给他们自由发挥的空间，使之愿意承担协作的风险，更具责任感和主人翁意识。中层在推进协作的过程中适度下放权力，既可以节省更多的时间将精力集中于团队总体发展方向和工作协调，又有助于员工成长并提高责任感，还有利于改善上下级关系并彼此获得信任，最终推动协作高效进行。

3. 兄弟齐心，其利断金

一个组织、一个团队要想打胜仗，一定是内部团结协作的结果。

在一部经典电视剧《亮剑》里，最精彩的一段就是李云龙率领独立团攻打平安县城的战役。山本特工队偷袭李云龙独立团团部所在地赵家裕村，独立团政委赵刚负重伤，团部八十余人仅十余人突出重围，李云龙新婚妻子被抓走，赵家裕村被血洗。之后山本特工队逃到了平安县城。李云龙为了给乡亲们、赵政委和牺牲的战友报仇，也为了救妻子，未向上级请示便率领独立团及附近县大队、区小队攻打平安县城。

平安县城毕竟是日军的重要驻地，又加上山本特工队是日本驻山西第一军的宠儿，所以，包括太原在内的周围日军都出动救援，如果日军迅速赶到，必然对李云龙独立团形成反包围。

李云龙打平安县城，不仅没有请示上级，就连附近的兄弟部队也没来得及通知。在这种情况下，成品字形布防的老战友丁伟的新一团和孔捷的新二团没有考虑自己的安危，都自行主动投入战斗，在阻击打援中，孔捷、丁伟是绝对的主力，打得异常精彩又异常艰苦，他们依托有利地形，层层阻击，有力地拖住了援军脚步，确保了平安县城之战取胜。毫不夸张地说，平安县城之战，晋西北“铁三角”打出了一次神配合。

由于共产党坚持抗日统一战线，平安县城周围的国民党部队也自行投入了战斗，特别是李云龙好友晋绥军楚云飞的358团，一反常态，对日军展开阻击，极大地支援了独立团。

这个案例虽然是电视剧，但是，也是有真实历史原型的。

虽然当时中国部队在装备上与日军相差很远，但是，大家同仇敌忾，共御外辱，取得全胜，这就是一个中层领导配合协作的典型案例。

3 第三节 高层讲战略

企业战略是指企业根据市场环境变化，依据自身资源和实力选择适合自己的经营领域和产品，形成自己的核心竞争力，并通过差异化在竞争中取胜。现代管理学认为，企业战略是一个自上而下的整体性规划过程，包括公司战略、职能战略、业务战略、产品战略等。

企业战略是对企业各种战略的统称，例如竞争战略、营销战略、品牌战略、人才战略、发展战略、融资战略等。企业战略虽然多种多样，但其基本属性相同，都是对企业整体性、长期性、基本性问题的谋划。

企业高层的主要工作是思考，做出正确决策，科学规划未来。从这个角度来说，制定并执行战略，可谓高层的本职工作。正因如此，战略管理往往被视为高层管理。

战略管理（strategic management）是指对一个组织在一定时期内全局、长远的发展方向、目标、任务和政策，以及资源调配做出的决策和管理。战略管理决定了组织的未来，唯有高层才能胜任。从组织的角度来说，战略管理是站在较高的层面上看组织的发展前景；从组织高层的角度来说，高层为组织制定的决策决定了组织在市场中的发展走向。因此，战略管理即高层管理，即组织战略的制定和组织高层管理的本体是一致的。

那么，高层如何制定战略，又如何执行战略呢？

1. 制定战略，讲究方式方法

（1）寻找差距。高层制定战略，第一步是寻找差距。找到差距，明白短板所在，才能明确战略方向。对于团队高层来说，战略不是高喊丰功伟绩，不是慷慨激昂画饼，而是结合团队实际和组织现状，找到问题和差距所在。鲁迅说："不满足是向上的车轮。"因此，寻找差距实际上就是寻找前进动力的过程。有差距，表明尚有潜力可挖，因此寻找差距同时也是一个寻找发展潜力的过程。找到差距，从"不满足"和"不满意"出发，"不满足"找机会差距，"不满意"找业绩差距，战略便有了思路。

（2）洞察市场。高层制定战略，第二步是洞察市场。洞察市场，即运用科学方法，针对特定行业、行业环境、行业客户，有计划、有目的地收集、整理并分析与产品、营销、规划等有关的资料、信息和情报，同时对市场变化趋势加以分析判断，进而结合自身实际，为制定经营决策提供依据。高层洞察市场，必须关注行业趋势、技术趋势和市场变化，了解客户需求，分析竞争对手，明确自身能力，看到发展机会。洞察市场之后，战略将逐渐清晰，各项规划将提上日程，也为下一步奠定基础。

（3）明确战略意图。高层制定战略，第三步是明确战略意图。“战略意图”之说最早出现于1989年《哈佛商业评论》中一篇名为《战略意图（Strategic Intent）》的文章。该文作者认为，战略意图是“一个雄心勃勃的宏伟梦想，它是企业的动力之源，能够为企业带来情感和智能上的双重能量，借此企业才能迈上未来的成功之旅”，它具有方向感、探索感和使命感三个属性。高层在明确战略意图的过程中，必然涉及长远愿景、战略目标、实现路径及节奏等，即不能仅有壮志雄心，也要有方向和追求，更要有清晰的战略作为支撑。

（4）梳理创新焦点。高层制定战略，第四步是梳理创新焦点。创新焦点是指确定企业实现战略目标需要重点关注的业务组合，以及各类业务需要关注的重点。创新焦点主要包括未来业务组合、创新模式、资源利用三个方面。就未来业务组合而言，须厘清核心业务、成长业务和新型机会带来的业务及其轻重缓急等问题；就创新模式而言，须对应上述三种业务，分别在运营创新、业务模式创新及产品、服务和市场创新等方面发力；就资源利用而言，须综合利用内部资源和外部资源，并进行优化配置。

（5）开展业务设计。高层制定战略，第五步是开展业务设计。业务设计主要包括客户选择、价值主张、价值获取、活动范围、持续价值和风险管理六个方面。客户选择即明确客户群体；价值主张是根据客户的价值主张，提供具有独特性的产品和服务；价值获取是关于商业模式的问题，即如何盈利；活动范围即明确可以为客户提供什么，自己应该负责什么，最佳选择是锚定最核心、最关键且自身最擅长的领域；持续价值是指如何为客户提供持续的价值增值，同时自身持续不断地获得竞争优势；风险管理即充分认识到战略目标实现过程中可能出现哪些内外部风险，并找到管控之法。

至此，企业战略基本制定完成，对于高层来说，接下来更为重要的是战略的执行。

2. 执行战略，重在步步为营

（1）第一步：目标分解。目标分解即将战略规划按时间、责任人层层分解的过程。高层在确定战略后，必须自上而下将之分解到各责任部门，各责任部门再将部门目标分解至部门各岗位，这便是企业三级目标体系（公司目标—部门目标—岗位目标）。对于高层来说，如何在分解到位后让责任层层落地并保证整体目标顺利实现是一大难点。因此，战略目标分解必须借助科学的方法。常用方法包括目标—职能职责对接法、价值树分解法和关键成功要素法。高层须结合这三种方法，根据各自的优点和缺点综合运用，以期达到最佳效果。

（2）第二步：责任锁定。责任锁定即定位角色，明确责任，做到人人头上有指标。高层的任务在于优化权责分配和执行流程，使员工主动、独立执行工作内容。责任锁定具体包括三方面工作：科学分工、明确责任和建立流程。高层必须学会筛选合适人员、选择胜任之人、确定任务完成时间及方式、明确分配计划、任务安排具体而到位、检查进度情况等，才能真正做到科学分工；编制岗位职责说明书或项目分工职责表，设立规则制度并明确工作范围，明晰相关部门的责任以便在跨部门协作时能够高效沟通等，如此才能真正实现明确责任；建立流程体系，明确相关团队、部门和员工的职责并使之有序开展工作，不断优化流程、提高效率，流程才能真正建立起来。

（3）第三步：行动计划。行动计划即将每个目标和指标转化成具体的行动方案。凡事预则立，不预则废。对于高层来说，一份优秀的行动计划就是成功的一半，因为行动计划是达成目标的途径，旨在帮助团队实现任务目标。为此，必须注重行动方案的组合效果，实现行动方案相互协同，使之共同推动行动计划的落实。同时，行动计划必须以战略框架为依据，要跟进现有行动方案的进程，协调不同行动方案的推进，合理配置人员和资金，对行动方案进行评估，不断完善行动计划。

（4）第四步：业绩跟踪。业绩跟踪即针对每项指标进行跟踪和检查。由此可见，业绩跟踪其实是一种变相的跟进和确认，是一种提醒和职责，是一种加强过程控制的手段。业绩跟踪主要有回忆追踪、短信追踪、电话追踪、OA 追踪、谈话追踪、报表追踪以及考核追踪、信件追踪、家访追踪等。当然，具体行业不同，业绩跟踪方式也有所不同，侧重点同样有所差别。涉及具体业务时，这些方式有时还须综合运用，以期达到更佳的效果。

（5）第五步：结果考核。结果考核即严格按照业绩考核办法评估并与个人薪酬挂钩。高层合理运用考核结果，有助于保证绩效考核的效力。结果考核通常包括两个层面：一是以之作为人事决策的依据，适用于奖惩、薪酬调整、人事调动等，即价值评价；二是对考核结果加以分析，为员工培训及其职业生涯规划等提供依据，即绩效改进。鉴于结果考核重要性，高层进行结果考核时须遵循以下原则：①以人为本，有助于推动员工职业发展；②立足长远，有利于员工与团队共同成长；③统筹兼顾，科学运用，能够带给团队正向推动。

总之，战略的制定属于组织的顶层设计，在设计过程中要周密考虑，特别要在执行部分的分工配合中，尽量减少内耗。战略执行的效果受制于诸多因素，结合国内外企业的实践，应避免重高层、轻基层，重规划、轻配置，重指标、轻因素，重布置、轻考核等误区，认清战略执行的实质，把握战略执行的关键，才能以战略为抓手，化战略为行动，从而推动团队高质量实现发展目标。

3. 合适的人请上车，不合适的人请下车

管理学上有一条术语叫“烂苹果效应”，讲的是在一筐苹果中，如果有一个烂苹果，很快就会导致整筐苹果全部烂掉。明智的做法是将烂苹果和好苹果分开，以免好苹果被烂苹果祸害。烂苹果效应告诉人们一个道理：如果一个烂苹果不能及时被发现并剔除，那么它会毁掉整筐好苹果。

团队之中，不免会有几个“烂苹果”，他们或为人不靠谱，或办事不利索，或能力不过关，给团队建设造成严重困难，使团队效率严重

降低，给团队文化造成消极影响。外国一组学者在一项名为“烂苹果与团队效率之间的关系”的研究中发现，团队之中出现一个“烂苹果”，整个团队一个月后的工作绩效就会降低30%～40%；斯坦福大学一组研究员针对一家服装零售店的调查研究显示：解雇一名业绩最为出色同时也最不靠谱的销售员后，虽然店里无人能在业绩上超过该销售员，但整个零售店的总销售额激增近30%。

简而言之，“烂苹果”堪称团队内耗的源头之一，具有潜移默化而又不可忽视的破坏力，对于高层来说，必须将其剔除出团队，才能保证整个团队朝着预定目标顺利前进。引用著名管理学者詹姆斯·柯林斯的话来说，就是“合适的人请上车，不合适的人请下车”。那么，对于团队高层来说，如何才能做到这一点呢？

（1）防患未然。即在创建团队之始、筛选团队成员之时便将“不合适的人”拒之门外，不给这类人进入团队的机会。具体来说，就是听其言、观其行，加强考察力度，多角度分辨对方的优劣，根据团队所需选择“合适的人”。

（2）加强甄别。如果团队之中已经混入“不合适的人”，那该怎么办？除了上述方法，还要进一步观察其在工作中的表现，如果确实能力无法胜任、人品存在问题、行为行事出格……只要不是一个合格的员工，不符合团队需要，就要当机立断，做好将之剔除出团队的准备。

（3）区别对待。“不合适的人”自有其特点，要有针对性地加以识别，根据实际情况区别对待。例如人品存在问题的，就要坚决清除，他们对团队有百害而无一利；如果能力暂时无法胜任，但是经过培养之后能够满足团队需要，自然能留则留，他们未来可能会成为团队的中坚力量……

总之，做到“合适的人请上车，不合适的人请下车”，既是团队高层的重要职能，又是高层必备能力之一，更是消除团队内耗的重要手段。

4 第四节 部门讲联动

“联动”一词的原意是：在若干个相关联的事物中，一个事物运动或变化时，其他事物也跟着运动或变化。“联动”即“联合行动”之意。部门联动即多个部门为实现预定目标而协调配合、联合行动。企业通常由诸多部门组成，单位由若干科室组成，团队由数个小组组成，只有加强联动，团队才能拧成一股绳，推动既定目标向前，做出令人满意的成绩。缺乏联动，各个部门各自为政、孤军奋战，必然势单力薄，导致工作进度严重迟缓，工作目标难以实现，最终功亏一篑。

那么，我们应该如何加强部门联动呢？

1. 联动，并非联合行动那么简单

（1）敲定总负责人。联动通常涉及若干部门与众多员工，项目在进行中必然会出现诸多问题，需要逐一解决，因此必须有一个总负责人统筹规划才能推动项目顺利开展。

总负责人的职责主要包括以下几方面。

① 组建团队，打造项目专属管理机构。

② 负责项目总体沟通与协调，集合各方力量。

③ 作为质量、安全第一责任人，做好质量、安全管理。

④ 落实成本管控，做好经济合同的审核、签字工作，提高投入产出比。

⑤ 组织编制各项规划并推进和监督规划落地。

⑥ 主持召开各项工作会议，第一时间解决各类问题，发挥“领头雁”的作用。

⑦ 负责整个项目的管理监督，负责项目相关部门和人员的管理监督。

（2）成立领导机构。为了方便统一管理、各个部门群策群力、上下步调一致，须设立项目领导机构，也称之为“领导小组办公室”。领导机构主要负责联络上级、安排和检查工作、协调关系等。在领导机构统领之下，更易达成以下目的。

① 目标明确，方向清晰，有利于集中精力推进工作。

② 集结人员，发展团队，有助于打造战斗力强的集体。

③ 明确角色分工，厘清责权，为考核奠定基础。

④ 凝聚人心，集合力量，有助于团结一致向前冲。

（3）建立规章制度。规章制度是团队管理的基本要素之一。部门在联动过程中，只有建立和完善相关规章制度并严格落实，才能为联动保驾护航。一般来说，相关规章制度主要包括有关部门联动的管理规定，规定了部门联动的内容、程序和方法，是相关部门与人员的行为规范。其主要作用包括以下几点。

① 有助于规范相关部门和员工的行为，使之各司其职，各尽其守。

② 有利于体现职、权、责的统一，以充分调动相关部门、员工的工作积极性。

③ 有助于执行工作纪律，使相关部门和员工遵守劳动规则和秩序，保证各项工作正常进行，提高工作效率。

④ 有助于提升员工素质，提高工作能力，增强工作技能，发挥潜在能力。

（4）确立沟通机制。沟通机制即交流的制度，表现为机构与机构之间、人与人之间思想和信息的交换。沟通一般包括外部沟通和内部沟通两方面，依赖于良好的机制，沟通才能真正高效。部门联动须引入沟通机制，实现沟通制度化，使思想和信息传递更快、更顺畅，保持高效高能，推动项目进展。

① 部门之间建立沟通机制，不仅能够促进信息、资源共享，还可以增进部门之间的了解，不断夯实合作基础。

② 员工之间建立沟通机制，不仅能分享彼此的信息和资源，还能增进彼此的感情，相互学习，共同进步。

③ 建立沟通机制，不仅有助于协调工作，还有助于总负责人统筹规划，科学安排，使项目获得更多支持和配合。

（5）明确互助机制。互助机制即互相帮助的制度，体现为机构与机构之间、人与人之间互相帮助的方式与方法。对于任何一个人或组织来说，部门与部门之间往往既有竞争又有合作，既保持独立又需要互助，如此才能不断提高工作效率与工作质量。部门互动不能离开互助机制，它是部门互助最有力的助推器。

① 部门之间明确互助机制，有助于推动部门协助，并使之制度化、规范化。

② 员工之间明确互助机制，有利于员工相互取长补短、加深感情，并实现互帮互助的常态化和长效化。

③ 明确互助机制，对于总负责人从全局的角度推进部门合作具有重要意义，对于做到相互合作不推诿、相互支持不争论、相互尊重不推托也具有重要作用。

（6）落实绩效考核。绩效考核是建立激励和约束机制的重要措施，对于组织发展和团队建设具有重要意义。加强部门联动，落实绩效考核必不可少，其作用主要表现为以下几点。

① 激励员工，绩效考核将工作业绩与薪酬、待遇挂钩，可以督促员工提高工作积极性，努力创造更好的业绩，营造良好的竞争氛围。

② 促进成长，通过绩效考核引导和帮助员工发现问题、找出差距，进而解决问题、持续进步，推动员工不断成长。

③ 保持公平，绩效考核结果是员工薪酬、待遇的依据，它使员工明白付出与收获是成正比的，从而打造公平的工作环境。

④ 打造团队，绩效考核有助于总负责人了解员工综合素质，根据团队需要因人而异地调配、任用和培养，对于打造优异团队大有裨益。

（7）加强监督检查。监督检查的目的有三个：一是纠正违规问题，消除项目执行过程中的错误和偏差，降低项目风险；二是保障资金安全，预防腐败；三是提高项目管理水平，使项目管理更具科学性、指导性、有效性。对于部门联动来说，加强监督检查尤为必要。为了保证监督检查的落实，需要做好以下几方面工作。

① 成立监督检查机构，明确分工、任务和职责，增加监督检查工作的力度。

② 监督检查中形成问题清单，提出清晰的整改方向，明确整改的目标。

③ 重视反馈意见的整理、核实、验证和跟踪，并逐一予以解决。

④ 加强监督检查纪律建设，明确监督检查相关责任人。

（8）实施追责问责。追责，追究的是当事人的直接责任；问责，问的是领导的间接责任。权力就是责任，有责任就要有担当，因此“失责必问、问责必严”。在部门联动过程中，追责问责对于保证项目顺利、高效推进具有十分重要的作用。坚持追责问责机制，划分责任、有过必罚，能够起到警示作用。

① 追责问责使相关部门和员工廉洁自律，洁身自好，专注于工作本身。

② 使相关部门和员工尽职尽责，工作中不敢懈怠。

③ 使相关部门和员工保持本色，不胡作、不妄为。

2. 大国航母，联合行动的结晶

航母可谓庞然大物，更是大国重器。航母建造之难，非常人所能想象。据统计，建造航母涉及工学、理学和管理学三大学科，其中工学涉及交通运输、仪器、兵器、力学、机械、材料、核工程、测绘、海洋工程、电子信息、电气、能源动力、自动化、航空航天、计算机等门类，理学涉及化学、数学、海洋科学、物理学、统计学等门类，管理学涉及公共管理、工业工程、工商管理、管理科学与工程等门类，共计 600 多个门类，其中许多门类还彼此交叉……航母工程之错综复杂由此可见一斑。联想到当今世界上能够自主建造航母的国家屈指可数，似乎也就有了合理的解释。

2017 年 4 月 26 日，我国首艘完全自主研发制造的航母山东舰下水后，央视曾做了一次专访。专访中透露，山东舰是一项系统工程，是军民合力的结果，配套单位多达 532 家。山东舰在建造过程中，最高峰时超过数千人同时在航母上工作，而参与研制的人员更是遍布全国，可以说山东舰的建造融合了全国的力量，既有国有企业又有民营企业，既有科研院所又有高等院校，充分体现了全国协同和军民融合。简而言之，山东舰依托的是整个国民经济的支撑和整个国家工业体系的配套，以及 532 家配套单位的联合行动。

5 第五节 打破部门墙

所谓部门墙，就是组织内部阻碍部门和员工信息传递、工作交流的屏障。该屏障如一堵墙一般横亘其间，所以被称为部门墙。在组织之中，部门墙分为部门之间的和员工之间的两种形式。部门墙本质上是一种本位主义，体现为在处理单位与部门、整体与部分之间的关系时只顾自己，表现为组织之中各个部门形成一个个独立的系统，部门之间彼此画地为牢，部门利益高于组织利益；员工墙即个人本位主义，表现为组织之中员工之间缺乏交流，互不信任，思想跟不上组织发展的步伐，致使工作效率低下，推卸责任。无论是部门墙还是员工墙，都有缺乏大局观和全局意识、以小团体或个人为中心、利弊得失都站在局部立场的共同特征。

部门墙的危害是显而易见的，主要表现在以下几个方面。

① 导致工作效率低下，部门之间各自为政，员工之间各行其是，必然无法统一思想、步调一致，遇到需要配合的工作时，各个部门和相关员工根本无法拧成一股绳，甚至出现南辕北辙的局面；

② 导致缺乏凝聚力，相关部门画地为牢，相关员工故步自封，都只盯着自己的一亩三分地，必定缺乏大局观念和集体主义精神，置组织和团队利益不顾，一旦出现问题必然推诿塞责，培养具有凝聚力的团队只是一句空话；

③ 导致人力成本增加，工作效率低下意味着事倍功半，缺乏凝聚力表明没有战斗力，工作成绩必定较差，经济效益必定糟糕，无形中导致各项工作成本大幅上升；

④ 导致人才成长乏力，部门割裂、员工隔离，人人都局限于自己的一小块工作领域，成长速度缓慢，综合素质堪忧，导致员工目光短浅、视野狭窄、难以突破，逐渐被竞争对手和市场淘汰。综上，长此以往，组织定然陷入机构臃肿、人员冗余、人浮于事、士气低沉的不利境地，进而恶性循环、积重难返、丧失活力，最终难逃被淘汰的命运。

1. 洞悉原因，可判深浅

部门墙出现的原因，众说纷纭，各行各业多有解读。综合各方声音，主要有以下几个原因值得重视。

（1）战略目标不清晰。战略目标是企业使命和企业宗旨的具体化和定量化，是企业奋斗的纲领，也是企业经营战略的核心。战略目标是企业战略构成的基本内容，是企业战略选择的出发点和依据，是企业战略实施想要达到的结果。企业战略目标具有宏观性、长期性、相对稳定性、全面性、可分性、可接受性、可检验性、可挑战性、具体性等特点。若战略目标不清晰，在宏观层面上企业容易出现战略失误，而在微观层面上各个部门容易出现解读差异，从而在具体操作层面上出现偏差，部门之间容易出现隔阂，严重时会导致各自为政的局面，部门墙也随之产生。

（2）组织架构不合理。传统的组织设计往往基于管理职能，部门多以相同职能进行归类并设计。这种设计模式既有优点也有缺点，优点是相同职能的员工处在同一个部门，便于彼此就职能业务加强沟通交流，对于提升业务技能水平大有裨益；缺点在于职能不同的部门彼此割裂，出现天然壁垒，导致交流困难，形成部门墙。还有一种情况，企业在初创时期组织架构较为简单，往往一人身兼数职，效率较高。随着企业不断壮大，必须重新规划组织架构，但一味地增加人力致使组织逐渐膨胀，内耗出现，导致优秀员工流失严重，组织内部矛盾重重，部门墙也由此而生。

（3）奖惩制度有问题。奖惩制度是奖励制度与惩罚制度的合称，前者是根据部门或员工的现实表现和工作实绩给予物质或精神鼓励，以调动其工作潜能和工作积极性；后者是根据部门或员工的失职、失误等剥夺部分权利或增加部分义务，以达到防范和纠正的目的。若奖惩制度出现问题，通常表现为重惩罚轻奖励、奖惩方式存在异议、奖惩的内容和程序存在法律风险等。若奖惩制度有问题，容易导致部门和员工趋利避害，一切以自身利益为上；奖惩不能令人信服，往往致使员工心理失衡，对企业心怀不满；奖罚不能做到公平、公正，会时常引发企业内部纠纷和矛盾。在种种弊端之下，部门墙、员工墙必定悄然而生，潜移默化地影响企业的方方面面。

（4）企业文化有欠缺。企业文化体现了企业的价值观，统一的企业文化有助于企业形成统一的价值观；统一的价值观能够起到引领作用，为企业内部所有部门和成员设立统一的工作标准；统一的工作标准对于推动企业采取统一行动、达成企业使命和发展目标具有重要意义。企业文化一旦欠缺，企业各个部门和员工在达成企业使命和发展目标的问题上便会出现分歧，在具体工作中失去了统一的工作标准，各个部门和员工便只能各不相谋，在此情况下，部门各自为政、员工各行其是便成为常态，部门墙也将不可避免。

2. 找到方法，有的放矢

打破部门墙常见方法主要包括以下几个。

（1）文化先行。企业注重文化建设，目的在于提升全体员工的基本素养，使之树立正确的世界观、人生观、价值观，在此基础上，使集体荣誉感、企业荣辱感得到大力弘扬。通过持续不断的文化建设，高层的价值观体系不断丰富和完善，中层的价值共识日益明确和趋同，基层的价值认同渐渐趋于积极和正向，有助于企业构建和谐、稳定的工作环境，高层、中层和基层之间建立成熟、主动的沟通机制，部门之间形成建立在合作基础上的竞争关系，员工之间养成以正能量为主导的工作氛围。如此，部门墙则不战而破。

（2）观念更新。不管是企业还是企业中的个人，都需要及时更新观念，以顺应市场需求。企业观念更新即企业思维模式更新，对于企业来说，思维模式更新主要涉及平台思维、用户思维、社交思维、数据思维、极致思维、开放思维六个部分，囊括了平台、用户、沟通、信息、产品等各方面。更新思维模式有助于高层、中层和基层打破固有观念，学会独立思考，走出经验局限，进行自我反思并善于倾听反对的声音，有利于部门之间走出隔阂、员工之间和谐共处，对于打破部门墙具有重要的推动作用。

（3）组织变革。组织变革是指组织根据内外部环境的变化，对管理理念、工作方式、组织结构、人员配备、组织文化及技术等要素进行调整、改进和革新。一个与时俱进的企业，必然要与时俱进地进行组织变革，因为内外部环境始终处于变化之中，企业资源需要不断变动并不断整合，机遇与挑战不断出现，所以唯有及时改革才能抓住机遇。组织改革通常由企业高层组织实施，中层作为中坚力量，基层是落实的关键。高层、中层和基层对于变革的认知度、参与度和支持度决定了组织变革的成功与否。以业绩为导向、以目标为手段、以考核为核心，大刀阔斧地进行组织变革，就能改变由部门墙引发的效率低下、业绩徘徊、权责模糊、推诿指责、人才流失等不利状况。

（4）流程重组。流程重组即业务流程重组，它以业务流程为改造对象和中心，以关心客户的需求和满意度为目标，对现有的业务流程进行再思考和再设计，以打破传统的职能型组织结构，建立全新的过程型组织结构，从而在企业经营上实现巨大改善。针对部门墙导致的管理混乱、流程不畅、体制僵化、效率低下等问题，流程重组能够起到立竿见影的效果。需要注意的是，流程重组离不开高层的顶层设计，并需要中层全力配合，以及最广大基层的普遍支持；必须结合目标管理进行，结合企业实际设计流程、制定规则、明确权责；必须持之以恒，消灭执行阻力，尤其忌半途而废。

（5）项目运作。项目运作，顾名思义就是运作一些项目，让相关部门和员工参与进来，共同推动项目进展，实现项目运作目标。通过项目运作，企业为相关部门和员工创造彼此配合、上下一心的条件，营造协同作战、共同成长的氛围，创造互相帮助、相互促进的机会，帮助所有项目参与员工取得进步，实现能力的提升；推动项目参与部门提升凝聚力和合作能力，发扬团队精神和集体主义。在这个过程中，全员得到提升，各个部门和所有员工都得到锻炼并取得可喜成绩，部门墙自然不攻自破。

（6）充分沟通。沟通不及时、不充分、不到位是造成部门间出现误会或矛盾的关键因素。小的误会或矛盾不及时解决，就会放大问题、产生摩擦、形成内耗。

所以，企业要加强部门之间充分的沟通。部门负责人沟通会议，相关部门员工的联席会议，部门间及时的音频、视频会议等方式都可以对消除内耗起到积极的作用。

3. 新能源汽车，破局部门墙的胜利

目前，我国是世界上唯一拥有全产业链的国家。联合国产业分类所列的 41 个工业大类、207 个工业中类、666 个工业小类中，全世界仅有中国拥有全部工业门类。这一特点对我国一些重要产业的发展产生了深远影响，例如新能源汽车产业的崛起，就是相关行业通力协作的结果。

各国普遍认为，新能源汽车能够减少空气污染，缓解能源短缺。当前，全球环保的理念深入人心，在这一时代背景下，新能源汽车产业必将是未来汽车产业发展的导向与目标。

汽车发源于欧洲，1769 年出现了世界上最早的蒸汽机汽车，1885 年内燃机汽车问世，现代汽车工业则始自美国。我国的汽车工业起步较晚，真正建立起属于中国人自己的汽车工业，则是在 20 世纪 50 年代。1956 年，由第一汽车制造厂成批生产的解放牌载重汽车正式推出，标志着我国汽车工业的开端。新能源汽车崛起，中国汽车产业迎来弯道超车的大好时机！

根据工信部的统计数据，从产销规模上看，自 2015 年起，我国新能源汽车产销量连续 7 年位居世界第一。最具代表性的车企是比亚迪。2022 年 6 月，全球车企市值排行榜显示，比亚迪超过大众排名第三，总市值达 1271.6 亿美元，仅次于美国的特斯拉和日本的丰田，成为排行榜前十名中两家中国车企之一。此前的 4 月，比亚迪以近 10.6 万辆的销量创下月度销量新纪录，拿下全球新能源车销量冠军，占全球新能源车市场份额近 20%；5 月，新能源汽车销量近 11.5 万辆……

比亚迪的崛起，得益于两点。

其一，我国是全产业链国家，与汽车尤其是与新能源汽车相关的产业，国家规划早、布局快、支持力度大，打破行业壁垒，推动行业协作，为比亚迪新能源汽车的发展奠定了坚实的产业基础。

其二，比亚迪注重研发，矢志创新，是全球仅有的几家掌握了全栈自研能力的新能源汽车厂商之一，且有自己的电池和电机、电控技术，还有自己的芯片，包括 MCU、IGBT 等，以及自己的 DM-i 超级混动、DM-p 等重大技术，是真正掌握了核心技术的厂商。在比亚迪，部门之间精诚团结，员工之间上下一心，正迎来汽车产业的百年巨变。

附录工具 3：解决员工冲突工作表

本表格用于确定需要处理的员工冲突，辅助相关人员进行有效对话，化解冲突		
第一部分：决定是否介入		
状况	是	否
1. 一名性格倔强的员工与一名性格温和的员工发生冲突		
2. 两名不同层级的员工之间发生冲突		
3. 冲突涉及的范围已不仅限于两个人，其他员工也开始卷入其中		
4. 冲突涉及违法行为，如侵犯民事权利等		
5. 冲突涉及人员不知道他们之间的冲突降低了工作效率		
6. 冲突涉及人员知道他们之间的冲突导致了其他问题，但他们没有能力处理		
如果您对上述任何一种情况的回答为“是”，则您需要介入。开始第二部分		
第二部分：化解冲突		
会谈日期		
参与者		
参与者 A 对问题的看法（包括：事实、行为、情绪、动机和利益）		
参与者 B 对问题的看法（包括：事实、行为、情绪、动机和利益）		

附录工具 4：赢得信任问答表

	几乎总是	有些时候	几乎从不
1. 我对自己承诺的事不会虎头蛇尾	□	□	□
2. 我实话实说，而不是挑别人爱听的话说	□	□	□
3. 别人相信我能够保守秘密	□	□	□
4. 无论信息好坏，我都愿意分享，只要对方有这个需求	□	□	□
5. 对于他人的成就，我会给予肯定以及适当的奖励	□	□	□
6. 我会提供诚恳、建设性的意见，不会避重就轻	□	□	□
7. 我以身作则，言行一致	□	□	□
8. 我竭力争取大家对组织价值观和政策的支持	□	□	□
9. 我尊重别人，不论其职务高低，或是否对我有帮助	□	□	□
10. 我合理分配工作，决不会逃避责任	□	□	□
11. 我着重解决问题，而不是怪罪他人	□	□	□
12. 我确保个人的目标和见解不会影响团队或组织的目标	□	□	□
13. 对于自己的错误，我愿意承担责任	□	□	□
14. 当我看见别人破坏信任关系时，我会有技巧地提醒他们	□	□	□
15. 我行为稳健，不受对象、状况，或是自身压力大小影响	□	□	□

说明：

1. 根据你的情况，在调查表中勾选最符合你状况的选项。

2. 请挑出“几乎从不”的选项，分析原因、思考改善。

附录工具 5：信任他人问答表

	几乎总是	有些时候	几乎从不
1. 他人工作时，我避免在旁监督	☐	☐	☐
2. 在猜测或下结论前，我会先查明事实	☐	☐	☐
3. 无论信息好坏，我都愿意分享，只要对方有这个需求	☐	☐	☐
4. 我分享决策权，并适度支持本团队的决议	☐	☐	☐
5. 我坦白、诚实地说出自己的想法，也尊重别人的观点	☐	☐	☐
6. 我会寻求别人的意见和协助	☐	☐	☐
7. 我支持别人所提出的可行意见、决策和行动方案	☐	☐	☐
8. 对于自己的工作表现，我会征询并接受他人意见	☐	☐	☐
9. 我支持组织的远景、价值观和目标	☐	☐	☐
10. 我视错误为学习的机会，我承认自己的错误和问题	☐	☐	☐
11. 我倡导创新地思考和承担风险的行为	☐	☐	☐
12. 我为他人提供发挥才能的公平机会	☐	☐	☐
13. 我坦诚地聆听他人的顾虑、建议和感想	☐	☐	☐
14. 我会与直接相关人员一起解决问题，并寻求有益的解决方案	☐	☐	☐
15. 我会适时透露我的想法、感受和理由	☐	☐	☐
16. 我承认除我的方法之外，还有其他完成任务与目标的方法	☐	☐	☐

说明：

1. 根据你的情况，在调查表中勾选最符合你状况的选项。

2. 请挑出“几乎从不”的选项，分析原因、思考改善。

4 第四章

消除内耗，反求诸己必不可少

曾子曰："吾日三省吾身。"在团队之中，每个人也应不断反省，针对团队实际、结合市场环境反思自身存在哪些不足，从而不断提升自己的综合素质。正如孟子所言，"行有不得者皆反求诸己"，一个反求诸己的员工，一个勇于从自身寻找原因的员工，才是一个充满正能量，能够消灭负能量的员工。消除内耗，员工个人的能量不容忽视。

4

第一节 与自己对话，调整自己的心态

心态，通俗地说就是心理状态。英国作家狄更斯说:“一个健全的心态比百种智慧更有力量。”美国社会心理学家马斯洛说:“心态若改变，态度跟着改变；态度改变，习惯跟着改变；习惯改变，性格跟着改变；性格改变，人生就跟着改变。”心态的重要性，由此可见一斑。

人在职场，身在团队，必然要面对形形色色的人，遇到五花八门的事，有激烈的市场竞争，有曲折的职业征程……反映到心理上，必将呈现出各种各样的心理状态。心理状态既有暂时性，又有稳固性，整体上表现为某种变化趋势，这与其所处的环境具有直接关系。然而，毛泽东在《矛盾论》中认为，“唯物辩证法认为外因是变化的条件，内

因是变化的根据，外因通过内因而起作用。”内因才是事物发展的根本原因。因此，一个人的心理状态最终取决于其对自身心理的掌控能力，尤其是遇到困难时，更需要发挥个人调节自身心理状态的能力。那么，应该如何调整自己的心态呢？

1. 与自己对话，调整心态方法多

（1）自我对话。心理学上，自我对话被视为潜意识在发声。弗洛伊德认为，潜意识可以影响一个人看待事物的方式。潜意识发声可以激励一个人奋勇向前，提醒他不要放弃，给予自己积极的鼓励，使自己始终保持自信和激情，从而将心态调整到最佳。这种自我对话持之以恒地进行，人的内心深处就能生出一股不可战胜的力量，在面对任何困难与挫折时都能勇于积极面对，寻找解决之道。《自我对话的力量》一书也曾写道，可以将自我对话作为一种强有力的工具激励自己实现人生目标。作为调整心态的工具，自我对话也能发挥其积极作用。

当你在职场中遇到不顺心、遇到内耗的问题时，与自己对话，问自己：我做的有什么不好？我对解决问题做出积极的贡献没有？我对团队的进步起到积极作用没有？

（2）坚持阅读。阅读不仅可以增长知识、开阔视野，还能够培养自学能力、提升阅读水平。《四时读书乐》中有云：“蹉跎莫遣韶光老，人生唯有读书好。读书之乐乐如何，绿满窗前草不除。”作为一种复杂的情感活动，阅读的过程往往伴随着兴趣、情感、思考、意志等思维活动，体现为理解、领悟、吸收、鉴赏等思维过程。坚持读书学习，可

以为自己打开更广阔的天地，扩大格局，从而改变心理状态，变得更加包容。

（3）接近同事。有的人由于心胸狭隘、格局不够，容易把同事当成竞争对手，看不得别人的好，这样极容易产生嫉妒心理和抵触情绪，让人难以接近，遇到不同意见时就会产生摩擦，产生内耗。

《永远是朋友》的歌中唱道："千里难寻是朋友，朋友多了路好走……千金难买是朋友，朋友多了春常留……"在工作中，不要把同事当成竞争对手，要把同事看作朋友，当成合作伙伴，碰到问题一起干，遇到困难一起扛，得到荣誉共分享，这样就能互相帮助、互相成就、共同进步。

（4）善于反思。反思通常被视为一个人对自己的行为、思想、体验以及心理感受等所做的思考。英国哲学家约翰·洛克认为，反思是人心对自身活动的注意和知觉，是知识的来源之一。反思使人看到自身的不足，发现提升的空间；反思使人打开心门，接纳更多知识，从而改变自己。可见，反思是一个人对自己的思维过程、思维结果进行再认识，加以检验并主动地指导实践，以实现自我提升的心理过程。从这个角度来看，一个善于反思的人一定是一个善于总结经验的人，不仅能够积极面对自身的缺点和不足，还可以找到解决之道，同时明确自己的工作方向和人生方向，更好地理解和思考自己的工作与生活，时刻保持阳光、积极的心态。

（5）提升能力。职场之中，压力往往来源于能力的弱化，抑郁通常受制于知识的缺失，只有不断充电学习和持续提升能力，才有机会克服诸多心理上的问题。能力的提升建立在渊博的知识修养之上，因此丰富的知识储备不仅是工作顺利、事业成功的基础，更是资本。知识令人在观察和分析问题时视野开阔、思维敏捷，更容易抓住问题的实质和关键。

有了更丰富的知识和更强的工作能力，才有利于帮助同事，为组织解决更大的问题。

（6）释放压力。不善于释放压力的人，不仅在现实中无法体验快乐，心理上更是备受煎熬，追求身心健康便是一句空谈。尤其是工作中的压力引发的心理疲惫、精神紧张以及挫折感等极易压垮一个人，严重影响身心健康。当一个人心情不好时，在工作中便不会释放正向的能量，容易情绪化，与同事、领导闹矛盾，造成内耗。

因此，学会释放压力，让身心回归正常状态尤为必要。释放压力的方法较多，除了上述提到的运动，还有倾诉、交流、旅游、听音乐、看电影等。无论哪种方式，只要结合个人的兴趣爱好和性格特点，能够消除压力源，就能使压力消失于无形，回归良好的心态，以积极的面貌待人。

总之，心态决定状态，胸怀决定情怀，格局决定结局，眼界决定未来。一个人要不断地通过与自己对话，每日而三省，才能以最佳的方式做好工作，安排好生活，取得更大的进步。

2. 心态变了，事儿就顺了

每个人在团队中扮演的角色不同，有顺利的时候，也会有很多不顺的时候，这个时候以什么样的心态面对？心智模式决定着行为模式。

当以悲观的心态面对时，就会嘀嘀咕咕、裹足不前、疑神疑鬼，内耗自然就产生了。

《孟子·离娄上》中有句名言：“行有不得者皆反求诸己，其身正而天下归之。”古人先贤告诉我们遇到困难时要自我反省，从自身找原因，一切才会顺起来。

现在已经是某新能源企业营销部副总监的小唐，从某名牌大学营销专业研究生毕业后进入企业时自视甚高，满腹理论，充满理想且勤奋努力，可是，一年多做下来，业绩在部门却几乎垫底。这使她颇受打击，甚至自我怀疑、心态失衡，与领导、同事的关系也变得紧张。这时，企业领导和销售部领导都看出了问题，多次与她进行深入的交流。小唐也迅速自我反省，找到了自身的问题：销售是实践性很强的商业活动，理论固然重要，经验却要在实践中获取；也不是只有热情就可以解决的，除了熟练的专业知识，与人打交道的技巧、职场中的人情世故都决定了是否能成单。这些能力不是学历所能决定的，要多向那些部门营销高手请教，多向客户学习，甚至向竞争对手学习。

于是，小唐放低姿态、调整心态、改变状态，发挥自身的优势，改掉自己的不足，持续学习、不断努力并运用熟练的新媒体技术，第二年成为企业营销部的骨干，第三年业绩已经在营销部遥遥领先，被任命为营销部副总监。

2 第二节 与同事对话，调整与同事的关系

对于职场人来说，与同事相处得如何直接关系到自身工作的开展与事业的进步。同事之间关系和谐、融洽，自然工作得舒心、愉快，对工作和事业有百利而无一害；同事之间关系紧张、矛盾重生甚至钩心斗角，必然会对工作和事业造成诸多不利影响，甚至成为事业发展的绊脚石。因此，每个职场人都深知若想在工作中得心应手、事业上获得成功，必须建立和谐、融洽的同事关系。

1. 与同事对话，调整同事关系有策略

（1）**真诚待人**。苏轼曾说:“成事在理不在势，服人以诚不以

言。”言下之意是，办成事情在于有理而不在于有权势，使人信服出于诚心而不是动听的言辞。真诚是一种为人处世的方式，唯有真诚才能打动人心，得到他人的信任，赢得他人的认可。真诚，于内表现为纯洁无瑕，于外表现为真实不虚，率真、自然、真诚是打开他人心扉的钥匙。真诚地对待同事，就要切切实实地为同事着想，以他人之心为自己之心，不带一丝私念。本杰明·富兰克林说：“我们如果真诚地待人，别人也会真诚地对待我们。”真诚地对待同事，自然容易赢得同事的信任，彼此以诚相待，相互帮助，在工作和事业上共同进步。

（2）平等相待。平等相待意味着彼此之间不受地位高低、年龄大小等因素的影响，在任何情况下都是平等的。平等不是搞平均主义，换言之，每个人都有平等的人格，都是平等的人。建立在平等基础之上的同事关系，必定是和谐的、友善的、充满温度的。同事彼此平等相待，区别对待将不复存在，媚上欺下必将“退圈”；关系平等了，工作中就能求同存异，彼此指责将成为过去，努力寻找共同点实现双赢将成为常态；有一个平等的心态，心理上也会变得宽容，苛责就会减少许多，同事之间彼此的形象将会加分；你付我以平等，我回你以平等，彼此多一点平常心，功利之心自然淡化，人与人之间一团和气，团队必然充满战斗力。

（3）懂得谦让。列宁说过：“谦让也是一种美。”它体现了君子风度，树立了品德标准。职场上，对同事怀有谦让之心表现为尊重他人、宽厚处世、不计得失。这是一种充满正能量的处世态度，体现了一个人的修养，使同事之间矛盾减少，彼此以善良相待，使团队更加融洽。

在竞争和合作并存的同事关系中，谦让不仅是一种美德，更是一种胸怀；不仅是一种风度，更是一种智慧；不仅是一种态度，更是一种修养。它是职场人士为人处世的“润滑油”，是打败困难与挫折的“尚方宝剑”，是走向成功的“垫脚石”。

（4）学会分享。《孟子》曰：“独乐乐不如众乐乐。”《诗经》曰：“投我以木桃，报之以琼瑶。”比尔·盖茨曾说：“每天清晨醒来，我便思索着如何与他人分享我的快乐，因为那会使我更快乐。”分享的意义由此可见一斑。分享是一种善举，也是一种思想，更是一种智慧。分享知识，让更多人拥有知识，知识便会进一步深化；分享快乐，一份快乐就能变成两份快乐；分享成果，一个人的成果就会变成许多人的成果；分享荣耀，一点一滴的荣耀也会变成整个团队的荣耀。在分享的过程中，人会变得胸襟开阔、豁达晓畅，成为一个视野广、格局大的人，更是一个充满睿智、值得信任的人。

（5）主动示好。示好并非刻意讨好，更非投其所好，而是在坚持原则的基础上示以善意，达到建立良好关系的目的。这一原则以工作为重心，其他一切都围绕工作而开展。如果是职场新人，可以请教工作为由主动向老员工寻求帮助，彼此从陌生逐步熟悉，进而建立良好关系；若是职场老手，也可主动伸出援助之手，向职场新人传授经验和心得，多多鼓励和安慰，帮助对方快速成长，定能与之打成一片；即便都是职场老手，彼此主动靠近，互帮互助，共同进步，对于建立良好的人际关系也是有百利而无一害。

（6）消除误会。误会，往往是产生摩擦、造成内耗的直接原因。工作之中、同事之间难免因为认知偏差、信息不对称等造成误会。误会不仅会给双方带来烦恼、难堪，还会导致隔阂、矛盾。因此一旦出现误会，第一时间消除误会尤为必要。首先，克服心理上的怯懦，直面出现的问题；其次，查明误会产生的原因，厘清误会出现的源头；最后，抓住时机，在合适的时候以最快捷、最方便的方式当面说清。如果遇到关系不佳或者不好沟通的同事，也可请其他同事帮忙，牵线搭桥或者从中协调。在这一过程中，一番畅所欲言的交流，一场你来我往的对话，也许误会就会消失，彼此之间的距离便会拉近，建立起良好的同事关系。

（7）保持距离。同事之间竞争与合作并存，因此关系非常微妙。鉴于此，零距离并非最佳选择，既要搞好关系，又要保持适度距离，才是同事关系应有之义。保持距离，首先必须做好本职工作，成为最好的自己，能帮助同事时尽量帮助，这是与同事维持友好关系的基础。其次，注意说话做事的方式，适当收敛个性，多为他人着想，不随意打听谈论同事的隐私，使同事关系处于一种较为舒适的状态。最后，既保持坦诚，又坚持原则，既示以尊重，又不卑不亢，给予对方理解、包容和支持，同时不失自我。做到这些，职场上的距离美便应运而生，同事关系便恰到好处。

（8）委婉拒绝。在日常工作中，难免会遇到同事寻求帮助的情况。如果力所能及，且时间和精力允许，自然应该伸出援助之手。可是有些时候，由于种种原因无法提供帮助，如果贸然拒绝，可能伤及同事自尊心和积极性，甚至得罪对方而给彼此关系留下隐患。此时如何委婉拒绝对于维系同事关系尤为重要。①开诚布公，明确理由，表明自己心有余而力不足，以免对方猜疑；②态度诚恳，言辞温和，保持融洽的对话氛围，使对方保持良好心态；③提供参考意见，推荐替代方案，参考意见有助于对方少走弯路，替代方案有助于对方寻找其他解决途径，使对方心存感激。

如果能做到以上八点，同事关系通常能够调整到最佳状态，同事间的内耗就失去了存在的基础，对于团队融合、开展工作和发展事业都具有积极的作用。

2. 大事化小，同事功劳

在一次航班上，一个初次飞航班的年轻空姐不小心将半杯水洒在一位旅客身上，旅客脸色大变。空姐一时慌了神，手忙脚乱地想给旅客擦拭，又怕火上浇油，惹得旅客更加不悦，只得结结巴巴地不停道歉。旅客更为生气，而其同伴火上浇油，扬言投诉。此事可大可小，空姐一旦遭到投诉，轻则受到内部处罚，重则不得飞航班，甚至可能遭到辞退。年轻空姐又惊又怕，几乎哭了出来。此时，一位年纪稍长的空姐过来，不紧不慢地说："先生，实在抱歉，弄脏您的衣服，是我们的工作失误。我能先帮您擦干吗？"然后转头，示意年轻空姐去取干毛巾等用品。旅客见状，脸色略微好转，他的同伴也觉得自己有些过分，一味纠缠，未免有失风度，有些小肚鸡肠了。事后，年轻空姐在年长空姐的带领下，郑重地向旅客道歉。乘务长得知此事后，也前来鞠躬致歉。见此情形，旅客及其同伴反而觉得不好意思，连连摆手说："算了算了，小事情，小事情……"

一次棘手的危机，经过乘务组几位同事的配合，就这样得到了圆满解决。从中我们可以看出，良好的同事关系多么重要，而且一个团队多么需要良好的同事关系。

3 第三节 与领导对话，调整自己的工作方法

工作方法是指人们在实践过程中，为达到一定目的和效果而采取的办法和手段。业界普遍认为，最简单的工作方法就是 PDCA 循环（Plan、Do、Check 和 Act），表现为有计划、有执行、有结果、有改进。凡事有记录，时刻体现目标驱动，并以数据为证。

作为一种备受推崇的工作方法，PDCA 循环在许多行业得到大力推广，取得了令人瞩目的成绩。然而，当运用到工作实际中时，PDCA 循环也并非万能，不论是基层、中层还是高层，都会有数不胜数的具体问题需要面对和解决，此时 PDCA 循环就显得心有余而力不足了。尤其是对于下级来说，面对性格特点各异、行事风格有别、工作作风

迥然的上级，必须找到最为契合的工作方法，才能在工作中游刃有余，成为团队无可替代的组成部分。

对于大部分员工来说，工作方法出现问题主要有三种表现：一是“忙”——忙碌，上班时间忙得不可开交，下班时间依然默默加班……周而复始，恶性循环，连轴转但结果依然不能令人满意，原因在于只关注过程，未关注结果，只能陷在过程里无计可施。二是“盲”——盲目，工作完成之后，毫无成就感和获得感，唯有身心疲惫如影随形，就像一台不会停歇的机器，没有收获，没有进步，原因在于整个过程中没有思考。三是“茫”——茫然，自始至终没有工作目标，只有亦步亦趋地埋头向前；即便有目标，也无法实现，遥不可及，只能存在于幻想中，原因在于目标无法落地。

那么，面对领导时，如何调整自己的工作方法呢？

1. 与领导对话，工作方法多样化

（1）遇事多多请教。工作中遇到不懂的问题或者不明白的地方，要多向领导请教，切忌不懂装懂。不懂装懂，只会把工作弄得更糟，把个人工作态度、工作能力等方面的问题暴露无遗。《论语》曰：“知之为知之，不知为不知，是知也。”意思是：知道就是知道，不知道就是不知道，这才是真正的智慧。人非圣贤，不可能生而知之。从不知到知，能够见证一个人的成长，也是职场新人走向成熟的标志。想要成为一个优秀的人才，成为团队不可或缺的一分子，必须秉持实事求是的原则，以严肃认真的态度孜孜不倦地追求进步。团队之中，员工向领导请教

既能获得帮助，又能展示自己励志学习、不懈进步的姿态，可谓一举多得。

（2）带着答案汇报。团队中，下属经常要向领导汇报工作，这既是个人开展工作的需要，又是团队推进任务的需要。很多人都有一个认知误区，认为汇报工作就是如实地反映工作中存在的问题，殊不知正确的做法是带着思考后得到的答案做汇报，让领导做选择题，而非问答题。下属在工作中积极调整思维方式，转变工作方法，主动思考问题，寻找问题答案，带着答案向领导汇报，一是可以节省领导的时间，便于领导专注于更为重要或紧急的工作；二是能在第一时间拿到解决问题的方案，领导做选择题一定比做问答题高效得多；三是有助于提升自身思考问题、解决问题的能力，同时通过领导选择的方案，看到自己与领导的差距，从而提升自己的判断力。在这一过程中，不仅个人能力得到提升，还让领导看到自己的才能，可谓两全其美。

（3）说话言简意赅。工作中与领导交流、向领导汇报，与平时同事之间侃侃而谈截然不同，切忌思路不清、东拉西扯。与领导谈论工作是需要技巧的，言简意赅、抓住重点才是正确的做法。首先，先说结论，直奔主题，这样往往能够吸引领导的注意力，也便于领导抓住交谈的重心；其次，结构适当，要像写文章一样，既要注意篇章结构，又要注意逻辑结构，让领导听来结构清晰，有助于领导理解和把握谈话的主题；最后，条理清晰，用事实说话时逐条阐述，用数据说话时个个准确，少用表述性、论述性的语言，要让领导听来重点突出，思路清晰。如果谈到解决方案，则应明确具体措施以及预计达到的效果，这样才能引人入胜，而非枯燥乏味。

（4）分清轻重缓急。分清轻重缓急，设计优先顺序，这是提高工作效率的关键。**只有分清轻重缓急，“要事第一”的原则才能真正落到实处。**所谓轻重缓急，就是根据事务的紧要程度和重要程度，将其划分为重要且紧急、重要但不紧急、不重要但紧急、不重要也不紧急四类。在具体工作中，首先要结合组织目标明确自身目标，站在全局的角度思考问题，落实自己的工作任务；其次，制作轻重缓急图（表），将手中事务分门别类，明确优先顺序，并根据工作进展适时调整；最后，根据事务轻重缓急程度，严格落实优先顺序。只有这样，在最有价值的时间才能投入最为紧要的工作中，工作效率才能大幅提升。

（5）争论注意方法。同事之间争论问题实属正常，有时也不可避免与领导争论。不过，与领导争论时必须要注意方式方法。方法得当，往往事半功倍；方法不当，很容易适得其反。

① 抓大放小，争论时只谈重要问题，即工作中的原则性问题，非原则性的次要问题大可略过。

② 注意场合，与领导争论问题时须看场合，公众场合不要公开指出领导的错误。

③ 注意语气，语气反映态度，以委婉的语气与领导争论往往能够得到更为积极的回应，对于解决问题有利无害。

④ 注意时机，避开领导工作繁忙的时段或领导情绪低沉的时候，最好选择领导心情愉悦、工作清闲的时间，领导往往能在第一时间给予积极的反馈。

⑤ 对事不对人，只谈论现象、问题或事件，排除任何针对个人的看法，以解决问题为主旨。

（6）少牢骚多建议。发牢骚是一种不良心理，无法解决实际问题。身在团队之中，面对成员和领导，发牢骚不仅对己无益，还对团队有害。团队成员往往对爱发牢骚的同事敬而远之，团队领导通常也难以信任爱发牢骚的员工。对于领导来说，发牢骚是缺乏责任心的表现，会严重影响团队的士气，不利于塑造和谐的团队氛围。因此，身在职场应少发牢骚多提建议，致力于发现问题并找到解决方案，才能赢得领导信任、获得同事认可，同时提升自己的认知高度和工作能力，向领导和同事展示自己的敬业精神和专业水平。以建议代替牢骚，才能保持积极向上的心态，快速融入团队；苦干实干，多做实事，才能在团队中发挥自己的力量，实现自己的人生价值。

（7）讲问题不告密。《人民日报》曾经刊登过一篇文章——《不告密不揭发是道德底线》。这篇文章认为，不告密、不揭发与其说是一种可贵品质，不如说是一条道德底线。这一观点同样适用于职场，适用于团队。心理学家认为，不确定性会使人处于恐惧和焦虑状态，团队之中如果存在告密者，也会使所有团队成员焦虑，甚至心生恐惧，对于团队建设极为不利。一个健康的团队，一个理智的领导，绝对不会允许告密者存在。因此，一个明智的职场人面对领导时，只会讲自己在工作中发现的问题并提出自己的意见，不会揭发任何人，不告任何人的状，会坚守这条道德底线，保持这一宝贵品质。常言道，日久见人心，如此定能赢得领导和同事的信任，对于职业发展大有裨益。

（8）**做好工作总结。**工作总结是事后对某一阶段的工作或某项工作，就其取得的成绩、存在的问题及获得的经验和教训加以回顾和分析，从而做出带有规律性的结论。工作总结的目的在于查漏补缺，即在总结成绩经验的同时查找问题和不足，因此必须坚持实事求是的原则，忌讳遮遮掩掩、避重就轻。总结工作是一个将感性认识去粗取精、去伪存真，进而由此及彼、由表及里迈向理性认识的过程。通过对工作进行总结，才能清楚自己哪些方面需要提高，哪些方面有经验值得以后借鉴；总结并非一次了事，不仅要做阶段性总结，还要时时总结、事事总结，这样才能少走弯路、歧路，不断积累经验、丰富阅历，并以此指导自己下一阶段的工作。

以上八点是学会向上管理和与领导相处的建议，是解决上下级矛盾和内耗的良方，也是能否不断取得好成绩并晋升的好方法。

2．互相帮助，才能迅速进步

腾讯原副总裁吴军曾在《得到》专栏分享过一个故事。

谷歌（Google）刚刚进入中国时，谷歌总部对中国研发团队的评价较低，吴军分析原因后发现，北京研发总部的中国工程师普遍不善于判断事务的轻重缓急，无法确定什么工作最重要并将之优先完成。在中国研发团队里，所有工程师都是新人，没有老员工言传身教，没有上级领导耳提面命，没有人告诉他们应该怎么做，他们只能凭着感觉工作。谷歌总部则不同，新员工只占一小部分，更多的是经验丰富的老员工，而且管理体系较为完整，新员工在老员工的带动和管理层的帮助下，能够快速掌握工作技能。之后两年，谷歌总部的工程师陆续来到北京，帮助中国研发团队梳理工作流程，中国研发团队也积极前往谷歌总部交流学习，情况迅速得到改善，很快中国研发团队便得到了谷歌总部的认可。

4 第四节
与时空对话，调整自己的工作节奏

有的团队里，个别员工的个人能力特别突出，往往能够高质量、高效率地完成需要其独立完成的工作，独当一面不在话下。但是，当需要团队配合完成工作时，同事和领导常常对他心怀不满。他不禁纳闷儿：我明明工作出色，为何他们都对我挑三拣四，明里暗里批评我？难道我有什么做得不对的吗？

答案在于，这类员工工作时总是按照自己的节奏进行，以为自己负责的部分做好了，工作就算圆满完成了，其实不然。每个领导都有自己的工作节奏，这体现在综合考虑规章制度、工作流程、成本支出、市场趋势、品牌建设等诸多方面，安排各项工作时更具全局性。可见，员工的工作思路与领导完全不在一个层面，与团队关心的工作重点可能截然不同，工作节奏自然有别。因此，对于每个员工来说，调整并掌握好工作节奏，使之与领导以及团队契合，是职场必修的功课之一。

所谓工作节奏，目前尚无公认的定义，根据我们的经验，它通常涉及工作时间的安排、工作速度的快慢、工作效率的高低及其相互配合关系等。所以说，**任何人均无法处在理想状态中，不能只考虑自己的节奏，要考虑团队的节奏，不断调整工作节奏才能发挥最大的势能。**

那么，应该如何调整自己的工作节奏呢?

1. 与时空对话，调整工作节奏不含糊

（1）端正工作态度。态度决定高度，端正工作态度是开展工作的起点。工作态度不端正，工作业绩便无从谈起。端正工作态度体现在对人和对事两个方面。对人方面，一是对同事，须秉持互帮互助、共同进步的原则，不吝于传授经验，不耻于告知教训；二是对领导，多角度、多层次理解领导作为工作的统筹者和规划者所做的决定，全力支持，不计个人得失。对事方面，一是说话严谨、行事谨慎，不可高谈阔论、眼高手低，要对工作高度负责；二是着眼大局、团结协作，以主人翁精神面对工作中的各种困难，设身处地为团队和组织着想；三是大胆设想、小心求证，不怕犯错，汲取经验教训后朝着正确的方向奋勇前进；四是改掉拖沓的作风，做事雷厉风行，提升工作效率，并持之以恒地坚持。

（2）梳理协作流程。团队协作是一项复杂的系统工作，若没有详

细的协作流程，工作中就会出现互相推诿扯皮，很容易产生摩擦。在项目推进过程中，常有项目成员感到思维混乱，觉得需求不清，致使工作效率低下，更为糟糕的是，项目运行方案实施后发现效果不尽如人意……这些都是由于团队协作流程不理想导致的。对于团队领导者来说，制定标准规范和行之有效的团队协作流程是其工作的重中之重；对于团队成员来说，梳理团队协作流程并调整工作节奏，使自己承担的工作与之完美契合则是应尽的职责。团队协作流程通常涉及团队目标制定和管理方式、评审流程、需求管理流程、文档管理流程等。梳理团队协作流程，对于实现流程化管理和提升团队成员以至整个团队的规范意识具有重要意义。

（3）设定工作目标。对于团队来说，设定工作目标是为考核团队成员提供可以量化的考核方法；对于团队成员来说，设定工作目标是为明确自己的工作任务和工作效果，便于根据团队需要调整自己的工作节奏。团队成员设定工作目标，首先必须明确工作内容，即通过与团队领导和其他成员沟通，明确自己应承担的职责范围；其次必须分清工作主次，即按照工作的轻重缓急主动规划各个时段的工作内容和工作任务；再次，加深对所承担工作的理解，找到正确的方法和实现的条件，明确实现的途径；最后，全神贯注于手头工作，即按照自己确定的工作规划，减少外界因素的不利影响，专注于一项项具体的事务，一步一个脚印地推动全部任务的完成。

（4）注重战略战术。战略战术泛指指导或决定全局的策略和作战具体部署与克敌制胜的谋略。毛泽东在1936年的演讲《中国革命战争的战略问题》中提道“我们的战略是‘以一当十’，我们的战术是‘以十当一'"，这是中国共产党战胜敌人的法宝之一。面对工作中的困难与问题，同样要讲究战略战术，要以"战略上藐视敌人，战术上重视敌人"的策略战胜之。从战略上看，体现为以长远的观点看待工作中的困难与问题，它们最终都会被克服并得到解决；从战术上看，体现为利用具体的工作方法，勤跟进、重反馈、抓落实，聚焦目标，化整为零，事务逐项完成，目标逐个实现，最终完成整个工作任务和目标。

（5）完善工作技能。不同的工作岗位对工作技能有不同的要求，不同的团队对团队成员的工作技能要求也有所不同，不同的领导对于下属工作技能的要求同样有较大差异。团队领导者会从团队的角度综合考虑团队需求，根据团队目标和任务的要求配置满足团队所需的成员，结合众人之力推动团队目标和任务的实现。因此，对于大部分成员来说，完善工作技能、提升综合素养、提高综合能力才能最大限度地满足团队和领导的要求，在此基础上跟团队和领导的工作节奏保持一致，是融入团队的重要条件。

（6）加强时间管理。时间管理已经成为商业管理的重要组成部分，在各行各业都发挥着重要作用。时间管理在发展过程中也形成了GTD、6点优先工作制、高能要事、帕累托原则等具体方法，其中"番茄工作法"近年来较受欢迎。番茄工作法为：选择一个待完成的任务，将25分钟设为一个"番茄时间"，在一个"番茄时间"内，仅专注于该任务，其间不得从事任何与该任务无关的事。一个"番茄时间"结束后，短暂休息一下（比如3～5分钟），然后开始下一个"番茄时间"。接连四个"番茄时间"结束后，多休息一会儿（比如15～25分钟）。以此类推，直至该项任务完成。

（7）实现有效社交。有效社交是相对于无效社交而言的，通常是指能给精神、感情、工作、生活等带来愉悦或进步的社交活动。社交是工作不可或缺的一部分，有效社交对工作的顺利开展和有效推动具有重要意义。对于职场人士来说，为了达到有效社交，首先必须带着目的开展社交活动，有目的才有方向，有方向才有目标，有目标才有正确的行动；其次必须明确社交对象，应根据自身工作情况和实际需要，通过社交活动广交能人，提升自己的综合实力；再次，必须秉持互惠互利、合作共赢的原则，任何仅惠及一方的社交必然不能长久，互利共赢才能长久，长久才能长效；最后，必须围绕本职工作，以工作为社交活动的中心，以服务工作为主旨。

（8）保持良好心态。心态决定状态，心态决定成败。心态其实是一个人调整自己心理状态的能力。工作中保持良好心态是切实履行职责的基本要素，是圆满完成任务的重要条件。为人处事，需要良好的心态；身心愉悦，心态同样至关重要。因此，保持良好心态对于融入团队协作、调整工作节奏具有重要作用。为了保持良好心态，首先应以一颗平常心对待工作中的人和事，在尊重事务规律和行事规则的基础上积极主动而为，但又不苛求事事完美；其次要保持乐观进取之心，乐观是心胸豁达的表现，是工作顺利的保证，在乐观心态的加持下，人的进取之心会带领他迈向更高的层次，向着更加高远的目标攀登；最后要严于律己，自律的人会严格遵守行为标准和行为准则，并以此指导自己的言行，严格要求和约束自己。

（9）坚持反思总结。反思是思考过去发生的事情，以之作为参考，从中总结经验教训，找到改善之法。可见，反思注重成效，致力于解决问题。与同事共事，反思哪些工作做得不够完善，哪些可以做得更好，从而总结出需要改进的地方；与领导沟通，反思哪些地方工作节奏没有跟上，哪些地方可以进一步改善，从而总结出下一步的工作重点；与团队协作，反思哪些协作取得良好效果，哪些地方不尽如人意，从而总结出提高协作效率的办法……通过反思和总结，并且坚持不懈，更好地调整工作节奏，并根据同事、团队和领导的需要适时调整，才能获得更好的效果，推动团队协作和团队目标的实现。

2. 不断调整，走出内耗

改革开放四十余年，中国民营企业获得了空前的发展，呈现了无数精彩纷呈的创业篇章，其中新东方俞敏洪绝对是一位传奇人物。

中国的民营企业从初创时期的创业者们同甘共苦、共赴时艰，到站稳脚跟，走向辉煌后，往往会出现“过三关：排座次、分金银、论荣辱的水浒模式”。在此期间，内耗摩擦不断，最后导致公司“生于忧患死于安乐”。

新东方成立于 1993 年，近三十年的奋斗史非常精彩，从最初的三老——“老同学、老同乡、老妈妈”式的家庭企业到现代股份制企业的转型，是中国式合伙人最精彩的演绎。

新东方成立两年，俞敏洪就做到了收入上千万元，为了再上一个台阶，1995 年、1996 年俞敏洪到加拿大、美国，把他大学时两位同学——当时学校的风云才子徐小平、王强请了回来，共同拓展新东方事业，几个人各管一摊，形成了新东方“三驾马车”，五年时间，就从千万元做到了三亿元的营收。

新东方如何继续发展呢？每个人做的一摊事儿都有了很大发展，都有自己的“领地”，再往下可能就会独立。2000年开始，新东方开始股份化改造，徐小平、王强要求俞敏洪带头去家族化，核心团队辞职的辞职、跳槽的跳槽、单干的单干。

去家族化以后，纷争并没有结束，俞敏洪、徐小平、王强“三驾马车”在公司的发展思路、治理结构、股东利益等方面并没有达成共识，争吵不断，直到2006年9月公司在纽交所上市，徐小平、王强等股东套现退出，这种局面才基本结束。

“三驾马车”分崩离析后，俞敏洪重掌新东方控制大权，但新东方的内耗、内斗并没有结束，创业元老派与第二代新生代的缠斗、新生代领导之间的摩擦也是经常发生，出现了多次高管出走、名师带着资源另立门户的事件。俞敏洪说，从新东方出去自己创业的，起码有200多个公司干得不错。一方面说明新东方是教培行业的“黄埔军校”，另一方面也说明了新东方内耗之剧烈。

好在经历三次高考才进入北京大学的俞敏洪，经历了多次大风大浪，曾走在崩溃的边缘，却依然“从绝望中寻找希望，人生终将辉煌”。

中国合伙人的剧本，里边有无数中国老板、企业家的影子，经历了无数的内耗甚至内斗，有的老板闯过了急流险滩、越做越好，也有很多企业分崩离析，消失在历史的长河中。

5 第五节 从“自燃”的人到“赋能”的人

自燃型员工、赋能型员工，是在流行“躺平”的时代更加难能可贵的，是组织真正需要的。不少企业大力培养或招聘自燃型员工、赋能型员工。那么，什么是自燃型员工、赋能型员工，员工又该如何成为自燃型员工、赋能型员工？

1. 成为“自燃”的人，稻盛和夫如是说

“自燃”一说最早源于日本著名实业家稻盛和夫。稻盛和夫认为，人可以分为三类：自燃性的人、可燃性的人和不燃性的人。所谓“燃性”，

是指人对事物的热情。自燃性的人最先对事物开始采取行动，并以其活力和能量影响周围的人；可燃性的人受到自燃性的人或其他已经活跃起来的人影响，也能活跃起来；不燃性的人即使受到周围自燃性的人或其他已经活跃起来的人影响，但是依旧不为所动，反而打击他们的热情。

根据稻盛和夫的描述，结合职场实际，大体能给这三类员工画个素描：不燃型员工，永远是一副无精打采、萎靡不振的样子，对工作缺乏激情；可燃型员工，容易受到周围人和事的影响，若不断给予帮助和指点，则可以保持工作热情；自燃型员工，永远保持积极乐观的心态，热情洋溢地工作着，当他们决心做好一件事时，就会投入全部精力，没有任何困难可以浇灭他们的斗志，哪怕是别人眼中的苦差事，他们也乐在其中。

显而易见，任何组织和团队都不会欢迎不燃型员工，最为青睐的定是自燃型员工。在组织高层和团队领导看来，只有自燃型员工才是真正积极主动的人，是真正热爱工作的人，能最大限度地发挥自己的能量，是组织和团队真正需要的人。

自燃型员工为何最受欢迎？首先，自燃型员工是打造自燃型团队的基本要素，团队是由若干员工构成的，有什么样的员工就有什么样的团队，自燃型员工正是任何一个团队都急需的；其次，自燃型员工是团队成功的有力保障，自燃型员工思维方式独特，工作热情高，工作能力突出，追求卓越，对成功有着近乎执念般的渴望，对于团队成功能够发挥重大作用；最后，自燃型员工是判断组织优劣的重要标准，判断组织优劣，其中一个标准就是看组织氛围是否积极向上、日常工作是否扎实有效，对此自燃型员工发挥着近似“催化剂”的作用，是一股不可忽视的力量，一个由自燃型员工构成的组织必定拥有广阔的发展前景。

那么，如何成为一个“自燃”的人，将自己的能量最大限度地发挥出来呢？

（1）“喜欢上自己的工作”。“无论如何，必须得喜欢上自己的工作”，稻盛和夫如是说。他是如此说的，也是如此做的。稻盛和夫并不喜欢自己的第一份工作，但是他强迫自己喜欢上这份工作，并将全部心思集中在这份工作上。满腹牢骚，怨天尤人，只会与成功渐行渐远，喜欢则蕴藏着一股动力，体现为一种意愿，表现出不屈的精神，最终以勤奋和执着为“桨”，划动成功这艘“大船”。每个人都渴望从事一份自己喜欢的工作，但更多的人不得不面对并不喜欢的工作，此时像稻盛和夫一样，就能开启成功之门。成功往往只能与少数人为伴，原因大概正在于此。

（2）“在旋涡中心工作”。稻盛和夫提倡“在旋涡中心工作”。他认为，团队之中必须有一个精力充沛、起核心作用的人，此人像团队带头人一样主动带队，带动周围的同事积极主动地开展工作，如一股自平地涌起的上升气流，将团队成员卷入“旋涡”之中，带动整个团队一起行动，稻盛和夫称之为“在旋涡中心工作的人”。稻盛和夫表示，若不是“在旋涡中心工作的人”，只是在“旋涡”周围盲目地随着他人转动，则很难体会到工作的乐趣，只有进入“旋涡中心”，将周边的人卷入其中，才能真正品尝到成功之后的喜悦。在实际工作中，“在旋涡中心工作的人”可能是团队领导者，也可能是普通员工，后者可能仅仅负责某一项工作，但是其作用依然不容小觑。

（3）“保持积极向上、乐观开朗的心态”。稻盛和夫说：“只要保持积极向上、乐观开朗的心态，就能战胜逆境。即便命运多舛，即便能力平平，也不能悲观，要坚信自己的未来必将精彩。”稻盛和夫曾经提出一个方程式：人生·事业的结果＝思维方式 × 热情 × 能力。他认为，能力是第一要素，越是优秀的人，能力越是出众，但是能力的高低并非决定人生的唯一要素；热情是第二要素，“付出不亚于任何人的努力”，以热情来弥补能力的不足；比能力和热情更重要的是思维方式，它表现为一个人的人生观、价值观和哲学思想，是一个人思考问题的模式，只要能摆脱愤世嫉俗、悲观消极等情绪的影响，代之以积极向上、乐观开朗的心态，就能培养乐观处世、勤奋努力、认真做事、正直做人等思维方式，它们将发挥出比能力和热情更大的作用。

（4）“明确目标”。稻盛和夫说：“明确目标，无论碰到什么样的困难，都要实现目标。”稻盛和夫认为，成功者之所以成功，是因为他们对目标极其坚定，从来不怕失败，而且不怕困难。目标明确，愿望强烈，才有面对失败和困难的勇气，为高远目标奋勇拼搏。稻盛和夫说：“纵使是不自量力的梦想，还是要在心中牢牢立下高目标，并向同仁展示这个目标，共同朝着这个目标努力。”稻盛和夫就是这样要求自己的，他给自己定下很高的目标，即使觉得不可能实现，即便有人嘲笑他异想天开，他也没有退缩，最后以成绩证明了自己。这与“立大志者得中志，立中志者得小志，立小志者不得志”的中国古语有异曲同工之妙。

中国有句成语——无事生非，那些“不燃型员工”往往会成为是非的源头和内耗的发起者。而那些“自燃型员工”在追求精益求精地工作，努力把工作干得更好，他们哪有时间和精力去内耗呢？

2. 成为"赋能"的人，是时代需求更是大势所趋

"赋能"一词最早译自管理学名词"empower"，进入国内之后，"empower"被"enable"取代，"赋能"的含义也由"授权并且使之能够做事"演变为"使人能够做事"。从字面含义来看，"empower"强调激发组织成员的能量，而其前提是组织领导者适当放权、授权；"enable"则不强调放权、授权，准确地说，是不限于放权、授权。无论"赋能"的中文含义如何变化，其本质依旧围绕激活个人和组织潜力、激发个人和组织能量而展开。"赋能"一说传至国内后，受到诸多企业家、企业高管以及企业管理专家的大力推崇，加之深深地契合了国内部分人群的心理需求，因此迅速流传开来。

赋能通常包括自我赋能和赋能他人。自我赋能体现为个人的自我驱动、自我激励和自我升华，赋能他人则表现出为组织、为团队、为同事带去积极的能量。简而言之，赋能依然不能脱离激励这一核心，它不过是信息化时代激励的升级和优化，无法完全取代激励，只是激励渐进演变的过程而已。

（1）成为赋能的人，得是一个能够自我赋能的人。

那么，如何实现自我赋能呢？

① 改善心智模式。心智模式是指深植于每个人心中的有关自己、别人、组织以及周围世界每个层面的假设、形象和故事，它深受习惯思维、定式思维和固有知识的局限。可见，一个人的心智模式决定了他的思维模式，思维模式决定了他是怎样的一个人。因此，改善心智模式，消极的人会变得积极，被动的人会变得主动，胆怯的人会变得

勇敢……换言之，心智模式的改变能够引发一个人世界观、人生观和价值观发生翻天覆地的变化，堪称最有力的赋能方式。改善心智模式的方式主要有阅读、学习、反省、思考、实践、深谈等，尤其是反省，是改善心智模式的核心方法，能够有效检视一个人内心世界隐藏的另一面。从本质上讲，它们都是一种自我修炼的过程。

② 明确个人愿景。个人愿景是指一个人发自内心、最为关心、热切渴望达成的事情，它往往表现为一个特定的结果或一种期望中的未来，抑或脑海中持有的某种意象。个人愿景根植于个人的价值取向，体现个人的目标定位，在个体的深度关切之下具有感召人心的独特力量。个人愿景明确，则目标定位清晰，行动更具动力。反之，则失去目标性，没有方向感，工作中将会犹豫不决、茫然失措、焦虑不安。可见，愿景就是前进的动力，是自然而生的力量，是发自内心的能量。

③ 坚持底线原则。为人处世，必有原则，从一个人坚持的原则中可大体看出其品行。原则就是一个人遇事后的判断标准、行为选择，坚持底线原则就意味着面对任何情况都不做损人利己的事，不做伤害团队的事。自我赋能，必须坚持原则，如此才能不断赋予自己正能量，为自己导航。可见，坚持原则是一种底线思维，若工作中坚持原则、坚守底线，则能在自我提升的过程中保持不骄不躁，以不忧、不惧、不惑之心不断给予自己力量，这就是原则的力量。坚持为人原则，体现在尊重他人、尊重自己，诚实守信、遵守承诺，做人自信、赢得信心等方面。

（2）成为赋能的人，要能够赋能他人。

那么，如何做到赋能他人呢?

① 遵循核心价值观。核心价值观是团队生存之本，是团队前进的方向。理解和认同团队核心价值观，对于融入团队和打造具有战斗力的团队具有重要意义。因此，赋能他人须在核心价值观上下功夫。换言之，通过向身边的人灌输核心价值观，能使整个团队认同并秉持统一的核心价值观，增加员工对团队的信任，增强员工对未来的信心，调动员工的工作积极性，赋予团队及其成员长足进步的原动力。

如果一个员工不认可团队的核心价值观，必然“道不同不相为谋”，也必然与团队其他成员产生内耗，与其这样，不如各奔前程。

② 打造知识型团队。知识型团队是由知识型员工组成的，知识型员工更重视具有挑战性的工作，更青睐能够促进自身发展的任务，对学习新知识、自身得到成长、事业获得发展有着持续不断的追求，渴望自主权并以此作为有效推动和顺利完成目标的方式方法。可见，知识型团队拥有一般团队难以匹敌的优势。因此，赋能他人对培养知识型员工和打造知识型团队具有重要意义。培养知识型员工，首先必须加强员工的培训和教育，给予员工学习的机会，督促员工学习新知识；其次必须制定系统的培养规划，根据团队发展战略统筹组织、有序推进，持之以恒；最后必须建立以知识为核心的激励机制，引导员工成为知识型员工。以知识型员工为班底打造知识型团队，还要注意团队成员类型的合理配备，应结合知识型员工的个人特点分配工作任务，充分发挥员工的自主性和自愿性，同时提供足够的人力、物力等资源支持，并针对团队特点制定考核和薪酬制度。

③ 提升综合能力。所谓综合能力，是指人在思考过程中将客观对象的各个部分结合成一个有机整体，并在此基础上加以考察、认识，发现它们之间的本质关系和发展规律，进而形成的技能和本领。综合能力强的员工，对决策对象的认识能够做到由小到大、由低到高、由零散到完整、由局部到整体，从而立足长远，把握全局，使工作不偏离目标，使决策不偏离方向。赋能他人，则要提升他人综合能力，使整个团队的综合能力实现大幅上升，这对于团队使命的完成具有重要作用。为了提升员工的综合能力，首先应建立员工素质模型，根据团队需要遴选符合条件的员工；其次，要根据团队需要并结合员工特点制订培训计划，为员工提升综合能力创造条件；再次，将培训计划落到实处，影响、帮助员工不断提升自己的综合能力；最后，制定并落实奖励措施，将奖惩制度与员工综合能力结合起来，加强对综合能力的考核力度，督促员工将提升自身综合能力放到重要位置。

成为“赋能”的人——既自我赋能，又赋能他人，不仅是时代需求，更是大势所趋。相信在不久的将来，打造赋能型人才体系将是每个团队和每个组织的人才队伍建设目标。

通过自我赋能和赋能他人，可以最大限度地发挥每个人的能量，让团结协作、积极向上、共创佳绩的风气成为组织的主旋律；让自我设限、互相拆台、摩擦内耗的恶习无处藏身。这样，团队才能不断实现更高远的目标，组织才能拥有光明美好的未来。

附录工具 6：SMART 原则的应用

<table>
<tr><td colspan="3">基于关键结果领域确定目标的工作表</td></tr>
<tr><td colspan="3">使用此工具，有助于确定每个关键结果领域（KRA）的目标及衡量标准。
请切记，所有目标均应符合 SMART 标准，即具体的（Specific）、可衡量（Measurable）、可实现（Attainable）、相关的（Relevant）和时间限制（Time-bound）。</td></tr>
<tr><td>关键结果领域</td><td>衡量标准</td><td>目标</td></tr>
<tr><td>示例：成本</td><td>• 单位成本
• 每位员工的年销量</td><td>• 2020 年，将单位成本降低 10%
• 2022 年，每位员工的年销量增长 5%</td></tr>
<tr><td></td><td></td><td></td></tr>
<tr><td></td><td></td><td></td></tr>
<tr><td></td><td></td><td></td></tr>
<tr><td></td><td></td><td></td></tr>
<tr><td></td><td></td><td></td></tr>
</table>

附录工具 7：结构化倾听的技术

人与人对话时，通常会传递三类信息：事实、情绪、观点。

比如，你把鼻涕纸顺手放到了餐桌上，太不讲卫生了！这句话中的事实是把鼻涕纸放到了餐桌上；情绪是愤怒；观点则是不讲卫生。

区分三类信息的目的是方便接收者可以针对性地回应。对于事实的回应方法包括接受事实和否定并澄清事实。对于情绪的回应方法是同理心和换位思考。对于观点的回应方法包括接受和不接受并辩论；不接受只反述。

在倾听阶段，急于回应是最大的障碍，完整、准确地接收对方所要传递的全部信息才是关键。因此，空杯心态是做好倾听的前提条件，也就是先放下自己的看法和观点。

附录工具8：如何合情合理地拒绝

拒绝沟通对象的一个提议并不容易，需要耗费当事人的很多心力。如果因一时为难而没有拒绝，拖延越久则会越被动。

1. 接受还是拒绝某项提议，为什么判断起来有时容易有时困难？

判断的依据是：一个人的价值观和行为方式是否稳定以及局面和提议是否复杂。

2. 如果可以当场判断是否拒绝，怎么拒绝？

拒绝的公式＝温和态度＋明确拒绝＋补救办法

3. 如果无法当场判断是否拒绝，怎么处置？

明确表达无法回应且不带有倾向性；同时，承诺一个反馈结果的时间限制并兑现承诺。如果时间到了，仍无法判断是否拒绝，可以再次承诺一个反馈结果的时间限制。人类的本性是，想不清楚的通常不会去做出改变。所以，如果同意对方提议如此艰难，大概率是应该拒绝。

5 第五章

战胜内耗，唯有建设卓越团队

一个卓越的团队，必定有其特有的基因，体现为团队固有的特质。本章将从管理规律、组织情商、组织智商以及组织效率的角度，分别阐述建设共振型组织、快乐型组织、智慧型组织以及卓越型组织的方法和作用，以此来打造卓越团队，实现战胜内耗的目的。

5

第一节 设置组织频率，建设共振型组织

“共振型组织”是改进咨询联合创始人、GPS-IE® 管理改进系统联合发明人丁晖和顾立民老师提出来的，在他们的著作《改进——高成长组织的系统原则》中有详细论述。

丁晖和顾立民老师提出的这一理念中的原则、方法，对于消除组织内耗和建设卓越组织有深刻的指导意义。

那么，什么是共振型组织呢？如何成为共振型组织？

2021 年 5 月 18 日 12 时许，位于深圳市深南中路与华强北路交汇处的赛格大厦出现不明晃动，原因众说纷纭。后经查实，乃桅杆风致涡激共振引发。共振是一种物理现象，广泛存在于自然界中，它是指

一物理系统在特定频率和波长下，比其他频率和波长以更大的振幅做振动的情形，这些特定频率和波长称为共振频率和共振波长。

实践和研究表明，企业离不开管理，而管理也是有振动频率的，一个优秀的企业一定会时刻保持在自己的振动频率上。这一管理的振动频率就是企业管理的底层逻辑，即企业管理的规律。管理规律是管理过程本身固有的、本质的、必然的联系，认识、把握和运用好管理规律是做好管理工作的前提。企业向好发展，必须遵从自己的管理规律。企业不断成长的过程，就是无限靠近其所在的振动频率的过程，就是灵活运用管理规律的过程。

在实践中不难发现，优秀的企业都有一个高效的管理团队。这类团队都有一个特征：思维逻辑一样，具体表现在日常管理与经营动作上，这种思维逻辑最大的特点就是管理语言统一。为了统一管理语言，每个成功的企业都要花费很大力气。比如华为，任正非用了 20 多年时间，花了几十亿元人民币，坚定不移地向 IBM、西门子等全球顶尖企业学习管理，这才有了今日的成就。虽然花费巨大，但是回报也有目共睹！所以说，管理企业的过程，本质上是一个统一管理语言的过程，不论公司的大小。

1. 设置振动频率

既然共振的力量如此强大，组织就有必要设置好自己的振动频率，寻找并确定管理语言、做事风格、管理逻辑，其应该从以下五个方面入手。

（1）想——想清楚关系。很多员工进入管理岗位后，没有明白员工和管理者之间的区别。员工的工作状态相对简单，将自己的任务完成好就是对团队最大的贡献；而管理者则须通过他人完成任务，自己做得好并不代表能使他人做得一样好。所谓“兵熊熊一个，将熊熊一窝”，指的就是管理者面临复杂的决策环境，需要从多个角度厘清关系，从而整体规划、分步实施、阶段评估、持续改进。

第一，确定与领导者之间的关系。领导者是管理者重要的客户和资源支持者，管理者需要和领导者反复研讨其需求，包括短期需求和长期需求，只有准确把握领导者需求，才有可能将事情一次性做对，并且在做事的过程中持续获得领导者的支持。

第二，确定与员工之间的关系。管理者是合格员工的责任人，员工完成业绩、能力合格并很好地融入组织，主要依靠直接管理者。

第三，明确与绩效标准的关系。绩效标准是组织基于业务逻辑设计的绩效评价工具，没有这些评价工具，管理者就无法对员工进行科学评估和赋能，不能进行公平、公正、公开的评估，管理者就无法建立威信。

第四，确定工作与自身成长的关系。正确面对工作中出现的挑战和委屈，它们如同镜子，不断反馈自身对外部环境和自我能力的认知，只要愿意改进，就能不断成长。

（2）说——说清楚事实。表达有两种：一是演绎表达，即用文字表达主张和思想；二是事实表达，即通过深度观察和研究，用摆事实、讲道理的方式描述过程。对于管理者而言，前者可提高管理者渲染氛围的能力，后者则能凸显管理者的专业水平。其中，演绎表达固然能够表明观点，但是不如用事实表达更能获得他人的认可，管理者应养成用事实和数据思考的习惯，没有事实和数据支撑的观点暂时不去表达，因为那只是一个假设，只有通过事实和数据验证之后才能成为观点。

（3）写——写清楚计划。工作的计划性决定了后端的执行性。大家都明白计划的重要性，但是在写计划时很容易落入“翻炒冷饭”的俗套。管理计划不应是重复的事务性工作，因为在目标实现的过程中，不同阶段表现出的重点问题不一样，问题决定了关键原因和关键策略，从而带来关键计划和关键任务，所以才需要不同的人力和物力预算以支持计划的完成。在管理者的计划中，经过系统且严格的分析，每个阶段的计划都是具有个性的、独特的，需要管理者做出决策且形成可执行的计划。另外，计划还要前后逻辑一致，至少在数据结构上保持一致，这样管理者才能拥有稳定的管理空间。管理者通过设计年度、月度和周计划并加以反馈，不断发现问题、分析问题、解决问题、积累数据、萃取实践，从而使计划越来越精准。

（4）做——做清楚过程。管理者既要对工作结果负责，又要对工作过程负责，能否将过程做清楚取决于计划的清晰性，包括目标是否精准、任务是否清晰、责任是否分明、推进是否有力等。员工拥有强大的执行力，是因为他们能清楚地看到任务单以及完成任务的标准，明白这些任务给其带来的价值和后果。当员工能够发挥自身的主观积极性并拥有准确的任务绩效标准时，他们会责无旁贷地推进任务的完成。同时，管理者要不断观察员工在任务执行过程中遇到的障碍点，通过设计和优化流程、标准与工具，提升员工推动任务的能力；提供各种资源支持，提升员工的信心；及时反馈数据和信息，使员工保持推动任务完成的热情。

（5）要——要清楚结果。首先，管理者是组织的管理者，协助组织达成目标是其责任，其中包括组织的战略目标和阶段性目标。为了达成组织目标，管理者须将战略目标分解成阶段性目标，并形成有效的分工以及系统性、逻辑性、持续性和结果性的计划，以督促团队成员分步骤完成。其次，管理者需要通过他人来完成目标，培养他人是管理者的重要工作。管理者的责任在于发现并培养人才，而多数管理者往往抵挡不住亲自操作的诱惑，当其他人员无法按照自己的标准完成目标时，管理者往往选择亲力亲为，从而失去培养他人的机会。最后，管理者需要获得更加优秀的组织能力，目的是实现业务的可持续发展，因为组织能力越强，其对个人的依赖越低。当管理者离开原有岗位时，如能留下一个强大且自律的团队，说明该管理者具有极强的领导能力。

以上五个方面，“想清楚关系”最为重要，否则难以“说清楚事实”，无法“写清楚计划”，团队上下就难以“做清楚过程”，最后“要清楚结果”将变得不可控。当然，如果组织按照以上五个步骤建立起自己的思维逻辑、管理语言，形成一定波幅的振动频率，就会迅速强大起来。

2. 运用管理规律

组织管理有科学规律可以遵循，诞生于发达国家市场环境下的管理系统，启发和提升了中国管理者的整体水平。改革开放 40 余年来，中国管理者一直在探索适合本国国情的管理理论，总结适合中国企业的管理规律。

丁晖和顾立民老师发明的“GPS-IE® 管理改进系统”简明实用，最适合中国企业。

“GPS-IE® 管理改进系统”研究了诸多高成长企业的案例，形成了从战略、问题、策略、执行到评估的组织绩效改进方法论。该系统由七个部分构成，简称“管理七步骤”（见图 5-1）。

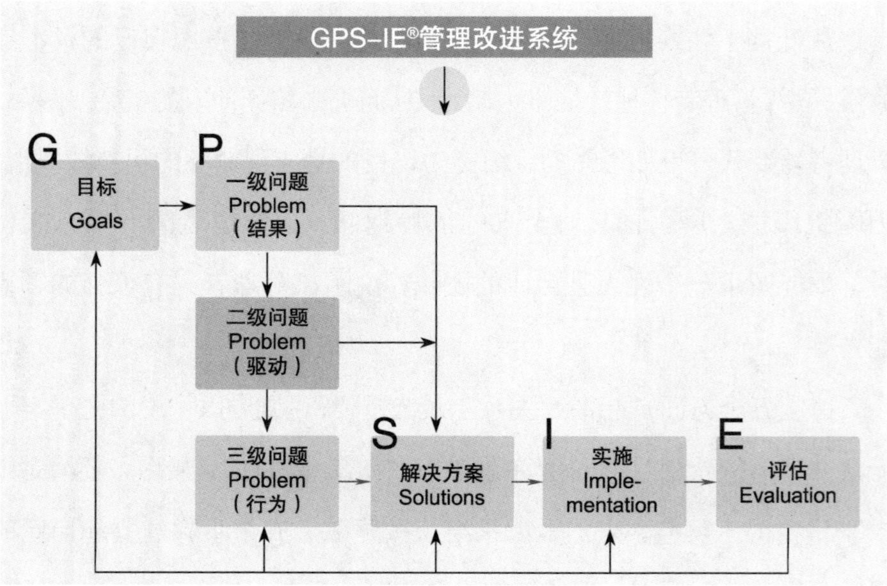

图 5-1 GPS-IE® 管理改进系统

（1）澄清战略目标（Goals）。无论是企业高管还是部门级管理者，都需要澄清组织的战略目标，统一共同努力的方向。管理者的责任是通过界定问题、分析问题、解决问题达成最终目标。若目标不清晰，则将失去清晰的目的。

（2）明确一级问题（Problem 1）。澄清战略目标之后，管理者须明确自身在组织战略实现过程中所要承担的责任与权力、利益的关系。在这一环节中，主要应分析经营价值链和管理价值链，借助外包思维分析并帮助每位管理者找到精准客户、产品、交付标准、收益原则和惩罚条款等，统称为“生意模式”。管理者一手抓经营，一手抓管理，从而形成“客户价值”和“员工价值”。在业务不同的发展阶段，不同部门的工作重点也不完全一样，须根据业务需要进行及时调整。

（3）梳理二级问题（Problem 2）。各部门负责人对业务过程进行分解，其目的不仅要形成清晰的目标，还要形成目标路径分析，以提高达成目标的可能性和可控性。明确目标之后，管理者带领团队开始制订具体的计划和预算，形成工作计划表，再通过对工作过程特别是工作日志进行追踪，推动与促进目标的完成。在解析目标的过程中，将“语文式思维”转化为“数学式思维”，通过建立驱动共识，形成具有稳定性、可控性、结果性和可衡量性四大特点的驱动要素。

（4）分解三级问题（Problem 3）。通过有关数据的定义、策略和分析，管理者可以确定需要解决的关键二级问题。如何有效解决二级问题的偏差？答案是：在动作分解层面解决。动作分解和流程设计有一定的区别，掌握业务流程是员工上岗的最低要求，但是员工掌握了工作流程并不代表他一定能够创造优秀的业绩。想让员工在工作中取得更好业绩，必须明确工作的目的，动作分解就是“有目的的流程”，能够形成岗位工作标准、员工能力等级和人才发展依据。

（5）设计解决方案（Solutions）。在确定关键问题之后，无论是一级问题、二级问题还是三级问题，通常都利用六个步骤分析解决，包括聚焦描述问题、分析问题原因、澄清转化原因、确定根本原因、设计策略组合和选择执行策略。在形成解决方案的过程中，必须要有相应的原则、工具和流程帮助管理者进行团队分析，否则很容易面临无法找到有用的原因、无法确定有价值的原因、无法打开思路、无法确定正确的策略等难题。

（6）推动实施计划（Implementation）。再好的计划也需要强有力的执行，在执行过程中需要形成有力的计划设计，包括年度经营目标、季度策略分析、月度计划分解和每周的计划复盘活动，它们都是计划系统的一部分。管理者在推动计划执行的过程中，必须不断调整和优化策略计划，从而促进计划的完成。管理者负责“做正确的事”和“正确地做事”，即确定需要重点解决的问题并确定解决问题的策略路径，员工则负责落实计划中的每一个步骤并能达成成果。

（7）开展绩效评估（Evaluation）。绩效评估分为两个维度：过程评估和结果评估。过去很多企业偏重于结果评估，而结果往往有滞后性，如能将业绩评估前置化，当团队出现问题、偏差时，就可以提前介入并加以改善。评估绩效不仅仅是为了兑现奖惩，更重要的目的是持续改进。通过对“过程数据的评估”和“绩效结果的评估”两方面的数据进行采集和对比分析，从而确定需要改进的过程。业务过程控制相对完美，结果自然相对较好，目标达成的概率就会大大提升。

管理学上有一种说法：找到问题就等于解决了问题的一半。那么，运用好丁晖和顾立民老师发明的这套“GPS-IE® 管理改进系统”，明确了组织的目标，找到内耗问题所在，制定解决方案，系统实施，不断评估，一定能够增强组织的凝聚力、战斗力。

2 第二节
提高组织情商，建设快乐型组织

情商是与智商相对应的概念。一个人提高情商的基础是培养自我意识，增强理解自己及表达自己的能力。组织情商是作为一个整体的组织对自身的认知、控制、管理、自我激励和自我超越，以及对外部系统的认知与外部关系处理，其反映了组织的灵活性与社会适应性。

一个人的成功通常是智商、情商、逆商组合的结果，一个组织的成功同样如此。

人在什么时候创造力最强？一定是在非常乐意去做一件事的时候。当一个人非常乐意去一件事，成功的概率是很高的，因为只有心力、脑力、体力合一，才能更有创造力。在一个组织里，员工能不能工作得愉快，决定了这个组织能否走向成功。“家和万事兴”，如果一个组织里的气氛是压抑的、不和谐的，总是充满冲突，必然会消耗掉组织很大一部分能量。为此，提高组织情商并建设快乐型组织，是每个组织都值得一试的。

1. 把组织快乐的气氛搞起来

一个具有优势文化的企业，为其员工提供一个良好的工作环境，创造乐观、积极、向上的工作氛围极为重要，“士气”有时候比“武器”更重要。

著名管理学家吉姆·柯林斯在《从优秀到卓越》一书中写道:“好的公司能否变成卓越的公司？如果能，如何才能实现呢？那些由优秀公司变成伟大公司的佼佼者，并不一定都拥有最新的技术和最擅长管理的 CEO，他们最有力的武器是公司的文化，一种激励每个人都按照自己想要的方式去工作的文化。”

每个组织的文化不尽相同,调动快乐气氛的方式也有所不同。但是，只要方式得当，效果则是相同的。

曾有一家公司叫北京华航科技，以销售医疗产品为主营业务，主要是自产的医疗仪器。销售部有20多位销售员,每人负责1～2个省，基本上都是男员工。比起同行，北京华航科技成立略晚。当时同行业竞争非常激烈，北京华航科技的宣传品印制比较粗糙，相比同行业似乎没有什么竞争优势。但是，北京华航科技的销售业绩上升得很快，原因之一就是同事们在一起工作时非常快乐。大家都是年轻人，不出差的时候经常自发地聚在一起撸串、喝啤酒。那时北京街头有很多大排档，北京华航科技当时的办公地点在北京友谊宾馆科学会堂，友谊宾馆对面就是现在的数码大厦、天宇商场——当时多是餐馆和大排档。销售员们回京后，总要聚一聚，聊一聊自己出差的情况，说说当地的人文、风貌，谈谈销售工作中遇到的问题，以及如何搞定各种客户等。一边撸串一边喝着扎啤，大家经常说着说着就比试起来，喝着喝着就有人拿起叉子敲着扎啤杯哼起小曲……

在销售部门，这种男人之间的饮酒、吹牛也是一种文化，可以互相学习，释放压力。这种喝酒、吹牛的文化，小企业可以有，大企业里的小部门也可以有。而对于大企业来说，需要更多的方法把团建组织起来。很多企业，特别是国企，团建活动组织得非常不错，各种体育比赛、户外郊游、文艺比赛、运动会、兴趣小组应有尽有。对于一个组织来说，最重要的是找到适合自己的活动方式，坚持下去并不断创新，才能起到增强团队凝聚力的效果。

一个团队走向成功，不是一群聪明人聚在一起就可以实现的，组织的情商也起到关键作用。

2. 做好情绪管理，让压力释放出来

如今的社会，节奏越来越快，竞争也越来越激烈，而步入各个组织挑大梁、成为骨干的已经是 80 后、90 后，这批人是改革开放以后成

长起来的，他们眼界开阔、头脑灵活、知识面广。但是，他们中的大多数都是独生子女，可能在承受压力、吃苦耐劳、管理情绪方面会比60后、70后弱一些。

因此，进行情绪管理主要是针对负面情绪，比如愤怒、悲伤、难过、委屈、后悔、惊恐等进行管理并加以疏导。这些负面情绪小则影响工作、生活、学习，大则造成人生恐惧以至轻生。《三国演义》中，诸葛亮三气周瑜，导致吴国名将周瑜心中郁闷，气得吐血身亡，临终大呼“既生瑜何生亮”。香港明星张国荣，在一般人眼里无疑是人生的成功者，结局却是在香港中环广场一家酒店跳楼，而在那一夜，张国荣的专辑被粉丝们抢购一空，无数人奔走街头，崩溃大哭，更多的人则无法相信张国荣已经离去。

情绪管理水平的高低，直接影响一个人、一个企业、一个社会的成败。那么，企业如何才能减少负面情绪呢？关键在于把“以人为本”与“效益效率”统一起来，找到完美的平衡点。

有以下几点可供参考。

（1）专职管理。有条件的组织可以在人力资源部专门设置心理咨询师，承担组织的情绪管理职责。这一点可以借鉴中国人民解放军设立的指导员、教导员、政委等角色，由专门的人做专门的事。

（2）观察、评估。注意观察员工情绪和工作态度的变化，人的情绪发生较大变化时是会反映出来的，设置专门的、科学的评估指标可以及早发现问题。

（3）交流、引导。一旦发现员工有较严重的负面情绪，要及时交流，个别谈心，加以疏导，以防患于未然。同时，要让员工有情绪发泄的地方。

（4）学习、培训。为员工提供学习、培训的机会，以便员工在工作中面临困难、压力时能够有效应对，使其在工作上有目标、有希望、有进步。

全球性新冠肺炎疫情使各个国家都面临极大的挑战，绝大部分企业也面临着前所未有的压力，企业员工则面临心理焦虑等问题。所以，无论是党政机关，还是国企、民企，应更加注重情绪疏导，帮助员工将压力释放出来。

3. 提倡阳光心态，培养积极心理

不论是个人还是组织，其事业不可能总是一帆风顺。人们常说，“人生不如意十之八九”，这话道出了人生真谛。如何面对困境、困难，是一个人、一个组织能否取得成功的关键。

著名心理学家荣格说：“心灵的探讨必将成为一门十分重要的学问，因为人类最大的敌人不是灾荒、饥饿、贫苦和战争，而是我们的心灵自身。”

有一句话说得很好：“世上没有绝望的处境，只有对处境绝望的人。”面对困难，甚至“绝望的处境”，是以消极悲观的心理应对，还是以积极乐观的心理应对，会带来完全不同的结果。

《长征》是一部24集电视连续剧，讲的是红军在第五次反“围剿”失败后，中央红军被迫退出苏区，开始长征的故事。红军出发时有8.6万余人，到达陕北后只剩下7000多人，这中间经历了无数困难，多次面临危机。遵义会议以后，红军重新确立了毛泽东的军事领导地位，

以毛泽东为首的领导人以积极乐观的心态影响着这支部队里的每一名战士，一扫前期失败的阴影，积极面对一切敌人，终于转危为安，为中国革命保存了精锐的骨干。

有一本书叫《你无法改变环境时改变自己》，主要内容是：一个人的力量是渺小的，面对所处的环境，有时你会感到无能为力。但你并非什么都不能做，心态转变，人生就会改变，改变有以下三个法则。

① 不能改变环境，就改变自己的位置，山不过来人过去。

② 不能改变别人，就改变自己。

③ 不能改变事情本身，就改变看待事情的态度。

这些改变，并不是逆来顺受，也不是放弃原则，而是改变做事的方法，用阳光、积极的心态去处理不理解、不满足、想不通的事情。

人生不是百米赛跑，而是一场马拉松。一个组织比拼的不是一时的得失，而是看谁的耐力好，谁存在得更长久。拥有这种心态，即使暂时失败了，也一定能东山再起；哪怕最终失败了，也没有遗憾。

俞敏洪无疑是一位成功者。其实他的起点很低，他出身于一个普通农民家庭，考了三年才进了北京大学西语系。但他的英语水平相比其他同学是很差的，不会听也不会说，只会背语法和单词。当时英语高考不考听、说，如果考这两项，可能他进不了北京大学。

在北京大学，俞敏洪非常努力，每天都比别人多学习一两个小时。即便如此，两年过后，他仍然排在班级后几名；大三时他还得了肺结核，休学了一年；直到毕业，他的成绩仍然排在全班后几名。但是，俞敏洪积极调整自己的心态。

俞敏洪说："当时我已经有了一个良好的心态，我知道我在聪明上比不过同学，但我有一种毅力，就是持续不断地努力。”

在毕业典礼上，俞敏洪对全班同学说：“大家都获得了优异的成绩，我是班上落后的同学，但我想让同学们放心，我决不放弃，你们5年干成的事情我干10年，你们20年干成的事儿我干40年，如果实在不行，我会保持心情愉快、身体健康，到80岁以后把你们送走了我再走。”

最后的结果大家都看到了，那一班同学中没有比俞敏洪更成功的。

西方有句谚语：“上帝从不为难头脑简单的人。”你简单了，世界也就简单了，你心态积极、充满阳光，很多难题便迎刃而解。这种积极、阳光的心态是会传导的，它会影响组织里的每一个人。

一个成功的组织，一定是个高情商的组织，一定是个快乐的组织。

3 第三节 提高组织智商，建设智慧型组织

智商是衡量个人智力高低的标准。组织如人，也有智商。组织智商体现为组织充分调动其所有智慧的能力，尤其是那些有助于实现组织使命的智慧。组织中从来不乏拥有智慧、具有天赋的员工，本节将阐述如何将组织成员的智慧结合起来凝聚成组织的智慧，从而提高组织智商，建设智慧型组织。

1. 做到“1+1 > 2”，提高组织智商

这个世界从来不缺少聪明人，但是，聪明人在一起就一定能干成

大事吗？一个组织把一群聪明人聚集在一起，是否就一定成功呢？

显然是不一定的。

中国有一句俗语叫“分槽喂马”，意思是两匹千里马一定要分开喂养，如果放在同一个槽子里，它们就会你踢我、我踹你，互相撕咬，两匹马都不能长膘。

国际著名演说家和管理咨询专家卡尔·阿尔布莱特提出一个观点：“把一群聪明人收编进组织后，结果往往会出现集体性愚蠢。”这就是阿尔布莱特法则。

为什么会出现这种现象呢？

1999 年，美国宇航局在火星进行的气象人造卫星任务失败，原因是一组工程师使用千米和千克的公制单位撰写程序，而另一组工程师则使用英里和英镑的英制单位运算。两组都是精英，都是聪明人，却发生了搭错线的乌龙，没有起到“1+1 ＞ 2”的作用。

想破除阿尔布莱特法则，就要靠组织智商；提升组织智商，就要解决“1+1 ＞ 2”的问题——让一个组织协调行动起来，发挥最大效能与潜能，专心致志完成使命。

商场上，组织想要做到“1+1 ＞ 2”并不容易，这需要极大的智慧。发展迅速的组织，其一定是组织能力迅速提升、组织智商迅速提高的。如何用好聪明人？如何使骨干发挥最大的作用？这需要良好的平衡、艺术的管理以及良性的激励。

一个人的智商决定了他发展的上限，一个组织的智商决定了它的生命力。想要组织基业长青，就不能将组织的身家性命系于一两个天才人物身上，必须持续地提高组织的智商。

2. 消除内斗与内耗，智慧型组织最大要务

我们认为，一个智慧型组织应该具备7种能力，它们是组织生存的基本保证：①战略方向正确；②拥有共同的核心价值观；③具有团结一致的奋斗精神；④晋升通道合理；⑤分配体系合理；⑥拥有不断变革的创新能力；⑦关注细节，做事精益求精。

那么，什么是智慧型组织的最大障碍？

内耗、内斗，也就是"窝里斗"。

很多人都参加过拔河比赛，或者至少观看过拔河比赛。德国心理学家森格尔曾经做过一个"拔河实验"，以对不同规模群体的人在拔河时施加的力量进行比较。结果表明，参加拔河的人数越多，每个人用的力越小。当一个人拖拽绳子时，会产生63千克的力量；在3个人的群体中，平均每个人施加的力量会降到53.5千克；在8个人的群体中，则会降到31千克。简而言之，在有其他人参与的情况下，个人的努力程度会降低。但是，当组织里的成员知道自己的努力程度会被检测出来后，便不会发生这个效应。这就意味着，在拔河队伍中，有的人"出工不出力"，假装卖力气，出现这种队员越多的队伍，输掉比赛的速度就会越快，这就是内耗。

因为内耗而遭受巨大损失或彻底失败的案例不胜枚举。

案例一：苏联"大肃反"损失惨重

1941年，希特勒得意地说："我只要说出俘虏的人数，就可以说明这场战争我们已经获胜了。"

为什么会出现这种情况呢？

除了斯大林错误地判断国际形势之外，最主要的原因就是他搞内斗、搞肃反。斯大林为了清洗政治对手，发起“大清洗”运动，究竟抓了多少人、杀了多少人、关押了多少人、流放了多少人，并没有准确的记载，这成了20世纪一大历史谜案。对红军将领的镇压规模十分巨大，有据可查的数字为：5位元帅中3位被处决；16名集团军司令、副司令中的15人被杀；67名军长中的60人被杀；199名师长中的136人被杀；4名海军高级将领、6名海军上将全部被杀；15名海军中将中的9人被杀；17名集团军政委和副政委全部被杀；29名军级政委中的25人被杀。8万名军官中有3.5万名遭受从清除出军队到判刑、处死的迫害。①

这般内斗，导致战争初期，苏军损失惨重！

案例二：创始人内斗引发推特定位越来越模糊

推特有四位创始人，分别是杰克·多尔西（Jack·Dorsey）、诺亚·格拉斯（Noah·Glass）、伊万·威廉姆斯（Evan·Williams）和比兹·斯通（Biz·Stone）。其中杰克·多尔西和伊万·威廉姆斯曾经担任CEO，但先后退出；而同样作为创始人且取了“推特”这个名字的诺亚·格拉斯则彻底消失在了推特的图景中，成为“隐形的创始人”，推特创办背后的内斗史堪比《甄嬛传》。

推特刚刚开始走上正轨，创始人之间就发生了权力争斗。强势的

① 徐天新：《斯大林模式的形成》，北京：人民出版社，2013年，第295–296页。

杰克·多尔西强烈要求董事会将诺亚·格拉斯赶出公司，只象征性地补偿了诺亚·格拉斯一点点现金和股权。

2006 年 7 月，诺亚·格拉斯被赶出推特，同年杰克·多尔西被推举为推特的 CEO。成为 CEO 后，杰克·多尔西开始在公众场合以推特创始人的身份亮相，参加各种明星、政客以及富豪的派对。不久，杰克·多尔西迷上了服装设计，并把大把时间花在服装上。2009 年，杰克·多尔西成立了自己的支付公司 Square。

这样的生活导致了另一个创始人伊万·威廉姆斯的不满。最终董事会在 2008 年时决定更换 CEO，由伊万·威廉姆斯出任。2011 年，迪克·科斯特罗又接替伊万·威廉姆斯成为推特新的 CEO。这是这家创业公司 5 年来第 3 次更换 CEO。

2015 年，杰克·多尔西在 Square 大获成功，成功之后她又联合其他投资人在董事会里罢免了伊万·威廉姆斯，并再次成为推特的 CEO。

推特在成立 9 年的时间里，4 次更换 CEO，同时流失无数高管，仅在 2016 年就有 11 位高管离职。

由于高层内斗不断，推特的定位也开始变得越来越模糊，在社交和媒体中摇摆不定。

而与之形成鲜明对比的是，推特 2017 年用户数量停滞不前，业绩也出现下滑。而且在市值上，推特也早早地就被微博甩在了身后。

比尔·盖茨说的是正确的，一家科技公司离破产永远只有 12 个月，高层内斗引起的公司内耗致使推特浪费了太多太多时间。

4 第四节 提升组织效率，建设高效型组织

组织效率是指组织及其管理人员从事管理活动的产出同消耗的人力、物力、财力等要素间的比例关系，是管理职能的具体体现，表现为组织目标的达成情况。

不同的组织，组织效率往往存在较大差异。导致组织效率出现差距的因素主要包括两大方面：一是外部环境因素，主要包括组织所处国家或地区的政治法律、区域经济、科学技术、社会文化等，这些外部环境因素不以组织意愿发生转移，组织只能在深入研究的基础上主动适应，并根据自身实际进行调整，进而加以利用，为自身发展创造有利条件；二是内部管理因素，涉及组织结构、业务流程、员工素

养、管理工具以及组织文化等，这些内部管理因素具有可控性、可操作性，与外部环境因素形成鲜明对比。对比这两大方面可知，外部环境因素对组织效率的提升有着决定性影响，但其影响是长期的，短时间内一般不会出现大的改变；而内部管理因素因其可控性、可操作性的特点，使其可以在较短时间内对提升组织效率产生直接影响。因此，提升组织效率须在关注外部环境因素的基础上，重点关注内部管理因素。

1. 实施精细化管理，大幅度提高组织效率

著名管理学家汪中求老师的《精细化管理》一书出版后,风靡全国，十几年来，这一理念深刻影响了中国各级组织，消除内耗、提高组织效率是每一个组织都要解决的重大课题。

结合内部管理因素涉及的主要方面，有针对性地狠抓相关内容，对提高组织效率大有裨益。

（1）组织结构是影响组织效率的第一个内部因素。一个组织的结构代表了它的权力分配方式，决定了它的决策模式。而权力分配方式和决策模式是影响组织效率的关键要素。具体来说，组织沟通效率取决于组织层级的多少以及信息传递路径的长短，层级越多路径越长，组织效率越低；反之，层级越少路径越短，组织效率越高。正因如此，扁平化管理模式近年来越来越受青睐，尤其是在欧美发达国家，扁平化管理模式正呈现出一种不可逆转的趋势。放眼中国，层级少、路径短的扁平化管理模式也正成为各个组织提高效率的有效工具。除此之

外，结合组织现状和市场环境，适时调整组织结构，以满足组织最新的发展需求，对提高组织效率同样有益无害。

（2）业务流程是影响组织效率的第二个内部因素，重要性仅次于组织结构。业务流程是组织为了达到特定价值目标而由不同的人分工完成的一系列活动。随着组织的成长与发展，面对越来越激烈的市场竞争，组织内部必然会有各种问题凸显出来，影响组织正常的生产经营。如何运用现有资源突破发展瓶颈并持续提升组织效率，是每个组织都要面对的严峻挑战。因此，优化业务流程尤为必要。当前，丰田精益生产方式（TPS-Toyota Production System）、TOC 制约法（Theory Of Constraints）以及哈默流程优化九大原则最受青睐，它们不仅在欧美、日本等发达国家大受欢迎，在中国也有一大批拥趸，对于组织优化业务流程发挥了重要作用。

（3）员工素养是继组织结构与组织流程之后，对组织效率具有重要影响的又一因素。员工素养主要体现在敬业精神、工作态度、专业能力、学习潜力、道德品行、反应能力等方面，一名优秀的员工必定在这些方面有过人之处。然而，员工素养不是天生具备的，也不是凭空而降的，必是后天培养而来的。因此，各行各业都非常重视对员工进行业务培训，不遗余力地提升员工素养，直接目的就是提升组织效率。目前，管理类业务培训和人力资源业务咨询最受欢迎，尤其是人力资源业务咨询，是最为直接的方式，也是短期内最能提升组织效率的做法。有关资料表明，其对组织效率的贡献值可达 15% 左右。这一贡献值不能说立竿见影，但至少效果比较明显。

（4）管理工具特指信息化工具，这是科学技术发展的必然结果。信息化的浪潮席卷全世界已经数十年，早已成为一种新生产力，得到世界各国以及各类组织的广泛认可。信息化工具多以软件的形式呈现，包括技术信息化工具和管理信息化工具，前者如 PDM、GIS 等，后者如 OA 系统、ERP 系统等。从提高组织效率的角度来看，技术信息化软件可以直接提高某个具体工作岗位的效率；管理信息化软件能够显著提高管理效率。就效果而言，技术信息化有助于提升岗位技能，可以快速提高瓶颈岗位的工作效率；管理信息化则立足于整个组织的需求，可提高组织整个供应链的服务运作能力，因此管理信息化是组织核心竞争力的重要组成部分。

（5）组织文化有助于推动组织效率最大化。组织文化与组织经营状况的关系极为密切，随着组织管理水平的不断提升，越来越多的组织开始强调自身文化的特点，希望以此获得组织员工的认可，获得社会的认同。其原因在于，组织文化是组织在生产经营活动中形成的经营理念、经营目的、经营方针、价值观念、社会责任、经营形象等的总和，是企业生存、竞争和发展的关键，其核心是价值观。组织文化能够激发员工的使命感，凝聚员工的归属感，加强员工的责任感，赋予员工荣誉感，实现员工成就感。可见，组织文化是组织的灵魂，是推动组织发展的不竭动力。因此，优秀的组织文化无疑是提升组织效率的“催化剂”。

2．注意方式方法，建设卓越团队

要建设卓越团队，必须注意方式方法。结合提升组织效率的主要因素，可从以下五个方面着手。

（1）优化团队组织结构。优化团队的组织结构，是科学化、系统化管理团队的必然要求。优化工作应从三个方面展开：①以保持团队稳定为前提，即不影响团队的日常生产、经营、管理等活动，优化过程中须保持团队及其成员的平稳过渡，不会给团队及其成员带来负面影响；②优化的目的是职能清晰、权责到位，便于开展评价和考核，使管理联系、工作程序更为协调，管理制度能够得到有效落实；③岗位设置要与人才培养相结合，要为人才提供良好的发展空间，做到人尽其才，才尽其用。

（2）完善团队业务流程。完善团队业务流程其实是团队管理再造和优化的过程，团队战略定位的变化与战略思路的优化可以通过业务流程反映出来。完善团队业务流程有利于规范团队管理体系，提升团队管理效率。对于任何一个团队而言，完善团队业务流程都是一个再学习的过程，即学习先进团队的经验，研究自身于业务流程方面存在的不足，找到差距与原因，再结合自身业务特点和战略方向重新定位经营策略和管理模式，以形成新的管理理念，从而推动业务流程不断完善并持续发展。

（3）提高员工综合素养。对于大部分团队来说，员工的综合素养主要体现在思想道德素质、文化素质、技术素质和心理素质四个方面。提升员工综合素养，应结合团队实际，找准切入点，多渠道、多方位开展。①开展职业道德教育，引导员工树立正确的世界观、人生观和价值观，树立良好职业风尚，弘扬时代精神，这关系到团队的兴衰成败；②树立新型学习观，落实“竞争就是学习力的竞争”理念，引导员工终身学习、全程学习，推动全员学习、团队学习，这是提高员工科学文化素养的必要途径；③开展技术创新，利用技术比武、岗位练兵、劳动竞赛等形式，激励员工钻研技术，培养技能型员工，对于推动技术进步、提高工作效率意义重大；④关注员工心理健康，建立心理健康引导机制，帮助员工树立积极向上的工作理念和生活理念，合理排解员工各种不良心态，对于保持团队和谐具有重要作用。

（4）正确使用信息化工具。信息化工具是随着物联网、大数据、云计算、区块链等信息技术的快速发展应运而生的。正确使用信息化工具是改善工作流程、提高工作效率，尤其是提升数据洞察力、提高团队智能化的有效方法。正确使用信息化工具，首先要明确团队需求，即明确团队具体需要哪些信息化工具，并有针对性地引入和采用；其次要加大信息化工具的培训力度，使之融入团队工作流程，与团队成员融为一体，真正为团队完成目标和任务助力；最后要追求效用最大化，引入和使用信息化工具的目的是让其发挥效用，应深度挖掘信息化工具的潜能，最大限度地发挥其应有的作用。

（5）加强团队文化建设。团队文化是一种潜意识文化，是指团队成员在相互合作的过程中为实现各自人生价值、完成团队共同目标而形成的文化，包括价值观念、道德风尚、行为准则、管理制度等。团队文化建设以团队全体成员为对象，宣传、教育、培训以及文化娱乐等是其主要方式。加强团队文化建设，主要目的是统一团队成员的意识，规范团队成员的行为，凝聚团队成员的力量，服务于团队总体目标。团队文化建设的重要性和必要性由此可见一斑。因此，团队文化建设对团队的发展具有积极意义，是团队能否成功的关键因素之一。

附录工具 9：战略思维工作表

使用此工具可从看似无关的事件和信息中发现关系、规律和趋势，提升您的战略思维能力
1. 考虑团队当前遇到的一个问题或者您目前面临的一项棘手的决策，例如越来越多的人才流失、某个流程效率低下等
2. 您看过或听过哪些可供借鉴的方法，能帮助您解决目前的不利处境？考虑其他公司或行业的做法，即使他们与您所处的背景存在显著差异
3. 您正处理的问题是否会随着时间发生某些变化？例如，团队的人员流动率是在稳步上升、先上升再下降还是先上升然后稳定下来？
4. 组织其他部门的哪些变化可能与您的问题相关？例如，公司最近是否减少了对职业发展计划的投入？团队人员流动的增加会不会与这个变化有关呢？
5. 如何拓宽看待问题的角度？您不妨参加更多的跨职能工作组，以更多地了解公司各方面的变化对部门和团队有何影响
6. 如果在解决问题的过程中需要评估大量数据，如何有效组织这些数据以更好地管理它们？寻找贯穿不同信息或事件的共同主题

附录工具 10：战略目标工作表

使用本工具可确定团队的战略目标
1. 您的上级为您和您的团队确定了哪些战略目标？将其列在下面
2. 如果上级制定的目标有含糊不清或空泛之处，如何才能使其更清晰和具体？例如，如果上级告诉您“我们要更加具备创新精神”，您不妨问“我们的创新活动应强调哪些方面？产品流程还是服务？”
3. 您可以向上级规定的战略目标中添加哪些内容？可以考虑未来几年团队为了给公司做出最大贡献需要瞄准哪些目标
4. 您最近负责领导了哪些战略项目？战略项目是专门用来帮助实施企业或部门战略的项目，例如设立客户关系管理（CRM）系统，或强化质量控制流程
5. 您领导的每个项目服务于哪一个战略重点？例如，您参与调研的新客户关系管理系统的目的是让公司发现新的客户群吗？

附录工具 11：确定流程优化必要性的检查表

以下问题涉及表示团队可能需要着手进行业务流程优化（BPI）的迹象和征兆。使用此工具确定是否启动业务流程优化项目		
问题	是	否
1. 您的团队是否无法满足质量、成本或时间要求？		
2. 是否因为存在重要的外部发展（例如客户偏好、竞争对手的行为和技术）而可能需要对当前流程做出大量调整？		
3. 是否因为组织内部的重要变革（例如公司新战略十分注重高质量的客户服务）而可能需要进行流程优化？		
4. 您是否发现目前开展工作的方式分化且缺乏合作或一致性？		
5. 客户是否抱怨您的团队目前提供的服务质量不佳？		
6. 您团队的绩效是否不如组织中承担类似工作的其他团队的绩效？		
7. 员工是否对他们的工作职责感到沮丧？		
8. 任务是否经常无法一次性处理好？		
9. 某些任务是否花费过长的时间才能完成？		
10. 某些程序是否过于复杂，例如单个采购订单的批准需要多个签字？		
如果您对以上大部分问题回答“是”，您的团队很可能需要启动业务流程优化项目		

高志鹏老师知识服务

01 通用技能课程

《问题分析与解决》《战略思维》《TTT之课程开发》《TTT之课程交付》《演讲技巧》《金字塔原理》《对话技术》《创新者》等

02 管理必备课程

《新经理角色认知》《管理团队》《跨部门沟通》《管理绩效》《项目管理》《会议管理》《管理素养提升》《教练式辅导》《执行力》《变革管理》等

03 沙盘模拟课程

决战商场、战略思维、沙漠掘金、星际迷航等

04 TTT（Training the Trainer to Train）课程

《课程开发》《课程交付》

05 领导力课程

（1）《毛泽东领导力》
（2）《共产党领导力》
（3）《中国式领导力》

以上3门课程的底层逻辑一致，呈现的角度、方式不同，分别侧重于：个人、组织、文化。

欢迎企业定制图书

GROUP PURCHASE

CUSTOM MADE

一书在手助你成为优秀的职业培训师
TTT
训的
就是你
培训师
职业成长手册
刘子熙 / 著
企业管理出版社

LIFE
FIRST
12周年
修订升级珍藏版
生命第一
员工安全意识手册
祁有红
著
98%的事故
是人为原因引起的
人为原因中
安全意识薄弱占比≥90%
安全为了谁
为了所有工友
为自己，为家人
为企业，为社会
企业管理出版社

零隐患
零事故
安全事故预防手册
刘寿红
著
海恩法则
安全生产是可以控制的
安全事故是可以避免的
企业管理出版社

十八般口才
翟杰 邓卿 著
古有十八般武艺 今有十八般口才
企业管理出版社

Handbook of
Multiple Profit at
Chinese Corporate
中国工厂
利润倍增
经营手册
刘承元 著
制造强中国强
管理改变中国
企业管理出版社

Handbook of
Comprehensive Lean
Management In China
中国工厂
全面精益改善
推进手册
刘承元 著
制造强 中国强
管理改变中国
企业管理出版社

追求极致
——日本企业团队工作法
曲军 / 著
日本型企業経営——組織文化の視点から——
企业管理出版社

中企联播 · 名师讲堂部分名师

汪中求

陈劲

祖林

刘承元

丁晖

顾立民

谭长春

翟杰

名师讲堂

中企联播 · 名师讲堂现为公益讲座，
未来将发展成知识付费平台。

中企联播 · 名师讲堂
欢迎企业经营管理者加入！

中企联播 · 名师讲堂欢迎
天下名师大咖的合作！

联系方式：010-68487630
王老师：13466691261（同微信）
请注明合作内容及方式